Wolfgang Hantel-Quitmann

Der Geheimplan der Liebe

W0056434

Das Buch

Die große, wahre und einzige Liebe des Lebens? Wir wollen sie finden - und behalten. Doch nichts scheint schwieriger. Der renommierte Paartherapeut zeigt anschaulich, wie Partnersuche funktioniert. Er beschreibt Wege und Irrwege, die offenen und verborgenen Motive der Partnerwahl. Warum suchen sich manche Menschen immer wieder Partner, die ihnen Unglück bringen? Und was macht die „große Liebe!" wirklich aus? Wolfgang Hantel Quitmann zeigt: Den „Geheimplan der Liebe" zu kennen, bringt uns ein großes Stück weiter.

Der Autor

Wolfgang Hantel-Quitmann, geb. 1950, Dr.phil., ist Professor für Klinische- und Familienpsychologie an der Hochschule für Angewandte Wissenschaften Hamburg Er ist Psychotherapeut in eigener Praxis und lebt in Hamburg. Zahlreiche Veröffentlichungen.

Wolfgang Hantel-Quitmann

Der Geheimplan der Liebe

Zur Psychologie der Partnerwahl

HERDER

FREIBURG · BASEL · WIEN

Herder spektrum Band 6533

MIX
Papier aus verantwor-
tungsvollen Quellen
FSC® C083411

Titel der Originalausgabe: Der Geheimplan der Liebe
© Verlag Herder GmbH, Freiburg im Breisgau 2007
ISBN 978-3-451-29283-5

© Verlag Herder GmbH, Freiburg im Breisgau 2012
Alle Rechte vorbehalten
www.herder.de

Umschlagkonzeption: Agentur R·M·E Roland Eschlbeck
Umschlaggestaltung: Verlag Herder
Umschlagmotiv: © Joche Arndt/buchcover.com

Satz: Dtp-Satzservice Peter Huber, Freiburg
Herstellung: CPI – Clausen & Bosse, Leck

Printed in Germany

ISBN 978-3-451-06533-0

Inhalt

Vom Suchen und Finden
Zur Einführung 7

Von der Einsamkeit zur Zweisamkeit
Die Lebens- und Liebesthemen der Paare 11

Was wir wissen – und was wir nicht wissen
Partnerwahl im Umkreis von 30 Kilometern 33

Der einfühlsame Pfau
Partnerwahl als Evolutionsprinzip 43

Wie wir uns verlieben
Die Suche nach Resonanz und Spiegelung 61

Die große Liebe des Lebens
Die Suche nach Vertrautheit und Sicherheit 73

Das gegenseitige Versprechen
Die Suche nach Heilung alter Wunden 87

Sprengstoff fürs Elternhaus
Partnerwahl und Herkunftsfamilie 101

Gewähltes Unglück
Die Wahl des zerstörerischen Partners 117

Die bessere und die schlechtere Hälfte
Komplettierung und Selbststabilisierung
durch Partnerwahl 133

Neuwahlen
Die zeitlosen Wahlverwandtschaften 151

Die Änderung der Blickrichtung
Der Geheimplan der Liebe 169

Literatur 187

Vom Suchen und Finden

Zur Einführung

Nichts erscheint dem modernen Menschen so bedeutsam für sein persönliches Glück wie der richtige Lebens- und Liebespartner. Mit der Wahl des passenden Partners verbinden wir die große Liebe des Lebens, Intimität, Vertrauen, Leidenschaft, Verlässlichkeit, Hingabe, Sicherheit, persönliche Entwicklung, erfüllte Träume und Lebensentwürfe, Familie und Kinder, allgemeine Glückseligkeit und vieles andere mehr[1]. Daher fragen wir uns: Wer ist der richtige Partner für mich, wie suche und finde ich ihn?

Die Humanwissenschaften haben die Menschen bislang mit dieser so wichtigen Frage weitgehend allein gelassen, so dass man in den Erklärungsversuchen auf den Zufall oder das Schicksal angewiesen blieb. Dies soll nun anscheinend anders werden. Das neueste Ergebnis wissenschaftlicher Forschungen zu der Frage, wie wir suchen und finden, ist ein Gemeinschaftsprodukt der Universitäten von Leipzig, Havanna und San Diego: Das Zauberwort heißt „parallele Suche". Das menschliche Gehirn wendet bei der Suche einen Trick an: Es ruft sich ein bestimmtes Merkmal des gesuchten Objektes ins Gedächtnis und sucht gezielt nur nach diesem Merkmal. Auf diese Weise, so hat man

---

[1] Als Mann benutze ich die männliche Anrede, Leserinnen mögen dies entschuldigen. Eine durchgängige Verwendung beider Anredeformen wäre korrekter, aber hemmender für den Lesefluss.

herausgefunden, findet man am besten zum Beispiel eine rote Mütze in einer chaotischen Wohnung: Man sucht nicht eine Ecke nach der anderen durch, sondern konzentriert sich auf die Farbe Rot und sucht dann nur nach roten Objekten.

Menschen, die einen Partner suchen, können allerdings nur bedingt von diesen Erkenntnissen der modernen Forschung profitieren. Auf welches Merkmal soll man sich bei der Partnerwahl konzentrieren? Schönheit, Intelligenz, Persönlichkeit oder Lebenserfahrung? Solange es äußerlich sichtbare Merkmale sind, erscheint ein solches Vorgehen machbar, aber wie sucht man beispielsweise nach dem Merkmal Intelligenz? Dazu soll immer noch ein persönliches Gespräch hilfreich sein, aber dabei vergeht kostbare Zeit, während der Traumpartner vielleicht gerade auf der anderen Straßenseite vorbeigeht. Aber selbst wenn man unterstellt, dass man auf diese Weise einen intelligenten Menschen finden könnte, reicht dieses eine Merkmal sicher kaum aus, um eine so entscheidende Frage wie die nach dem richtigen Lebenspartner ausreichend zu beantworten. Was nützt ein intelligenter Mann, wenn er ein Langweiler ist, über wenig Lebenserfahrung verfügt, noch bei seiner Mutter wohnt, starke Beziehungsängste hat und sexuell verklemmt ist? Intelligenz ist relativ, Schönheit vergänglich, Vertrauen trügerisch und Verlässlichkeit selten. Also empfiehlt es sich, nach der einmaligen Mischung verschiedener Merkmale zu suchen: Aber nichts ist schwieriger zu suchen und zu finden als die große Liebe.

Dieses Buch handelt von den Wegen und Irrwegen, den bekannten und den verborgenen Motiven der Partnersuche und Partnerwahl. Wäre dies allein ein logistisches, strategisches und rational zu lösendes Problem, dann hätten es die meisten Menschen leichter mit der Liebe und dieses Buch hätte nicht geschrieben werden müssen. Manche Menschen haben sich gesucht und gefunden und sind damit glücklich, bis sie plötzlich beginnen, an ihrer Partnerwahl zu zweifeln. Andere suchen innerlich weiter, auch wenn sie einen Partner gefunden haben. Manche haben einen Partner gefunden, sind unglücklich und bleiben dennoch mit ihm zusammen. Andere finden sich nur für eine bestimmte Zeit und trennen sich dann wieder, manchmal ohne zu wissen, warum eigentlich. Und wiederum andere verstehen selbst nach Jahren der Ehe nicht, warum gerade sie sich gefunden haben. Rational lässt sich das alles nicht mehr verstehen, denn es geht eher um irrationale, unbewusste, paardynamische und emotionale, also psychologische Themen. Die meisten Menschen resignieren angesichts der Undurchschaubarkeit des Problems und hoffen weiterhin auf die Gunst des Zufalls oder des Schicksals. Nach meinen Erfahrungen aus Paartherapien glaube ich allerdings, dass es eine Art geheimen Plan gibt, nach dem Menschen sich suchen und finden. Worin dieser Plan besteht, erfahren Sie auf den folgenden Seiten.

Dieses Buch widme ich meiner Frau Susanne. Ich weiß, dass ich sie lange gesucht habe, aber nur der Himmel weiß, wie ich sie letztlich gefunden habe.

Wolfgang Hantel-Quitmann

Von der Einsamkeit zur Zweisamkeit

Die Lebens- und Liebesthemen der Paare

Paare haben nicht nur ihre Zeiten, sondern auch ihre Themen, manchmal sogar mehrere. Diese Themen tauchen als Fragen an das Leben und die Liebe auf und hören sich an wie ein kleiner philosophischer Grundkurs: Was ist wahrhaftige Liebe zwischen zwei Menschen? Wie kann in einer Partnerschaft die Einsamkeit des Menschen überwunden werden? Hilft die Liebe gegen das Alter, kann sie sogar den Tod überwinden? Mit welchem Partner kann ich in diesem Leben zu Ansehen und Macht kommen? Welcher Partner ist der richtige, mit dem ich die Welt erforschen und verändern kann? Wo finde ich absolutes Vertrauen und tiefe Geborgenheit? Gibt es eine Möglichkeit, innerhalb einer vertrauensvollen Partnerschaft die Welt der Erotik und Sexualität ohne Tabus zu entdecken und zu erleben? Welche Kräfte führen dazu, dass zwei Paare sich magisch angezogen fühlen und dann zu zwei neuen Paaren werden? Gibt es in einer Partnerschaft eine ideale Verbindung von Körper und Geist? Wie kann man in einer Paarbeziehung die Schönheit des Geistes und der Kunst leben? Wie können wir das Trennende zwischen den Geschlechtern in einer Beziehung verstehen und überwinden? Wie kann eine Partnerschaft eine Privatsphäre haben und dennoch die Welt um sie herum nicht vergessen, also auch politisch sein?

Häufig bestehen diese Themen als Fragen an das Leben in den einzelnen Partnern, bevor sie sich kennen lernen, manchmal entwickeln sie sich im Laufe der Zeit einer Paarbeziehung. Bisweilen lassen sie sich erst im Nachhinein erkennen und viele Paare würden wahrscheinlich gar nicht erst zusammenkommen, wenn sie ihr Thema und damit ihre partnerschaftliche Zukunft kennen würden. Andere wiederum würden sich suchen oder sich beklagen, dass sie ihr Thema nicht mit diesem bestimmten Menschen leben konnten. Manchmal verlieben sich Menschen sogar in einen anderen aus der Ferne, ohne jemals mit ihm gesprochen zu haben, weil sie fest daran glauben, dass dieser Mensch ihr besonderes Thema kennt und sie damit auf einmalige Weise verstehen kann. Fragen Sie sich einmal: Welches Thema oder welche Frage bewegt Sie im Leben besonders und mit welchem Partner hätten Sie dieses Thema gerne angegangen? Hier ein paar bekannte und berühmte Beispiele für Paare und ihre Themen.

Von der Einsamkeit zur Zweisamkeit

Das erste Thema für ein Paar hat Gott selbst bestimmt. „Gott der Herr sprach: Es ist nicht gut, dass der Mensch allein sei." Die Schöpfungsgeschichte beschreibt Adam als einen Menschen, der im Paradies alles hat, was er zum Leben braucht, und dennoch unruhig und unzufrieden wird, weil ihm ein Gegenüber fehlt. Gott weiß, was Adam vermisst, versetzt ihn in einen tiefen Schlaf, entnimmt ihm eine Rippe und formt daraus seine Gefährtin Eva. Das erste Paar der Menschheit wurde von Gott geschaffen, um die Einsamkeit des Menschen zu überwinden. Im jüdischen Glauben, im Islam und im Christentum gibt es diesen Schöpfungsmythos mit kleinen Variationen.

Gott hat Adam und Eva strengstens verboten, die Früchte vom Baum der Erkenntnis zu essen, aber die Schlange verleitet sie dazu, es dennoch zu tun. Erst durch diese Früchte erkennen sie voller Scham die Unterschiede zwischen Mann und Frau, Gut und Böse, Liebe und Hass, Leben und Tod. Und bevor sie auch noch die Früchte vom Baum des ewigen Lebens essen, verbannt Gott sie aus dem Paradies. Während sie dort noch wie Bruder und Schwester in Unschuld gelebt hatten, werden sie zu Mann und Frau auf Erden. In der Liebe sind sie wieder vereint, aber im Leben getrennt und letztlich allein. Dieser Schöpfungsmythos kennzeichnet den Weg des Menschen aus der Unschuld im Paradies des Elternhauses, die geschwisterlichen Beziehungen zum anderen Geschlecht vor den stürmischen Zeiten der Pubertät, die gegenseitige Scham und das Erkennen des anderen und des eigenen Selbst in der Sexualität und der Liebe und schließlich die Suche nach Erkenntnis und Unsterblichkeit im Leben. Es ist eine Allegorie auf das Leben, das durch Einsamkeit geprägt ist, die nur für Momente durch Zweisamkeit überwunden werden kann.

Die Überwindung des Todes

Mit der Vertreibung aus dem Paradies wurden die Menschen sterblich, seitdem träumen sie von der Überwindung des Todes, insbesondere durch die Liebe zwischen zwei Menschen. Noch heute geloben sich Paare bei der Heirat ewige Liebe und Treue, „bis dass der Tod uns scheidet". Eines der ältesten Liebespaare, dessen unglückliche Liebesgeschichte bereits seit dem 6. Jahrhundert v. Chr. bekannt ist, hat der Dichter Ovid in seinen „Metamorphosen" beschrieben.

Orpheus war wahrscheinlich der berühmteste und bedeutendste Sänger der Antike, und seine Geliebte Eurydike wurde in vielen Liedern von ihm besungen. Orpheus konnte so schön zum Saitenspiel seiner Leier singen, dass selbst die Tiere vor Ergriffenheit stehen blieben und die Bäume,

Sträucher und Steine beim Klang seiner Stimme weinten. Er war der Sohn der Muse Kalliope und des Gottes Apoll, seine Frau Eurydike war eine Nymphe des Waldes, eine Elfe. Die Liebenden streiften oft durch die Wälder, verliebt und singend. Eines Tages biss eine giftige Natter Eurydike in die Ferse. Die Legende besagt, dass die Natter eifersüchtig auf sie war, weil sie Orpheus' Gesang so sehr liebte. Eurydike starb und Orpheus litt fürchterlichen Seelenschmerz. Seine Trauergesänge konnten seinen Schmerz kaum lindern. Er sann lange darüber nach, welche Schande oder Verfehlung vielleicht den Zorn der Götter heraufbeschworen haben mochte, aber er konnte sich an keinen Frevel erinnern. So beschloss er, in die Unterwelt, das Reich der Schatten und des Todes, hinabzusteigen, um seine Frau zurückzuholen. Er begann zu singen, und die Pforten zur Unterwelt öffneten sich. Er stieg hinab und bat darum, seine Frau mitnehmen zu dürfen. Keiner konnte den flehentlichen Gesängen widerstehen, und sie riefen Eurydike herbei. Man gab dem Sänger seine Frau zurück, allerdings unter einer Bedingung: Auf dem Weg nach oben dürfe er sich nicht umdrehen. Die Liebenden stiegen nach oben, und dort geschah das Schreckliche: Er drehte sich zu ihr um, streckte die Arme nach ihr aus, um sie nach oben zu ziehen – aber fasst nur in „weiche Lüfte".

Eurydike darf sich nicht beklagen, denn Orpheus hat ihr den größten Liebesbeweis erbracht, zu dem ein Mensch fähig ist. Er ist ihretwegen in die Unterwelt hinabgestiegen, hat sein eigenes Leben riskiert und nur die Sorge, dass sie zurückbleiben könnte, hat ihn veranlasst, sich noch einmal umzusehen. Wenn sie jetzt wieder zurück muss, dann wissen wir doch, dass sie es dort unten aushalten kann, weil sie sich über alle Maßen geliebt fühlt, und das macht jede Unterwelt erträglich. Die große Liebe hat den Tod besiegt.

Die Wahl des eigenen Selbst

Sigmund Freud hat einmal gesagt, jeder Mensch wähle sich einen Liebespartner, der so sein soll, wie man selbst ist, wie man war oder wie man sein möchte. Dies ist das Motiv der narzisstischen Partnerwahl, man liebt sich selbst im anderen. Nur durch und in der Vereinigung mit dem Liebesobjekt entsteht ein Gefühl der Ganzheit und der persönlichen Integrität. Man erkennt sich im anderen wieder, hat die gleichen Sorgen, Gedanken, Gefühle, Vorlieben, Ängste, Bedürfnisse oder Zukunftswünsche. Beide haben das Gefühl der tiefen Vertrautheit und meinen, sich schon sehr lange zu kennen. Manche Menschen glauben bei solchen Vertrautheitsgefühlen sogar, sich schon aus einem anderen, vorherigen Leben zu kennen. Wenn der Partner nicht da ist oder droht wegzugehen, dann entsteht ein tiefer Schmerz der inneren Zerrissenheit und der Bedrohung des eigenen Selbst. Wenn es nur einem der beiden Partner so geht, dann entsteht das Leiden an einer schmerzhaften einseitigen Liebe, wenn es beiden so geht, dann entsteht eine Liebe in gegenseitiger Abhängigkeit und Verschmelzung.

Eine solche Liebe hat Mario Vargas Llosa in seinem Buch „Das böse Mädchen" (2006) beschrieben. Es ist die schicksalhafte und besessene Liebesbeziehung zwischen Otilita und Ricardo. Otilita wächst in einem Armenviertel Limas auf. Als ihre Mutter eine Anstellung als Köchin bei einer reichen Familie erhält, darf sie täglich ihre Mutter begleiten und im Haus der Reichen davon träumen, ein Kind dieser Familie zu sein. Sie freundet sich mit der Tochter des Hauses an und beginnt, sich durch erfundene Geschichten und Identitäten aus ihrem Elend herauszuträumen. Als Ricardo sie kennen lernt, ist sie die Tochter einer reichen chilenischen Familie, die einen besonderen Akzent hat und mit ihrer Anmut auf den Partys allen Jungen den Kopf verdreht.

Ricardos Traum ist der vieler Peruaner: das Land verlassen, die Armut und Perspektivlosigkeit hinter sich lassen. Seine Begabung sind Sprachen, und so wird er Übersetzer und Dolmetscher für Englisch, Französisch und später auch noch für Russisch in Paris. Ricardo und Otilita – die aufgrund ihrer vielen Identitäten viele Namen hat – verbindet der gemeinsame Traum, ihrem vorgezeichneten Schicksal in Peru zu entfliehen und einen Neuanfang zu machen. Zur Realisierung dieses Traumes wenden sie allerdings unterschiedliche Strategien an. Otilitas Strategie ist die Anpassung bis zur Selbstaufgabe. Sie wird zunächst die Frau eines französischen Diplomaten, dann eines englischen Pferdeliebhabers und letztlich die Geliebte und das sexuelle Opfer eines kalten und machtbewussten japanischen Mafiabosses. Es gelingt ihr zwar, sich aus seinem Einfluss zu befreien, aber ihre Traumatisierungen müssen lange in einer Klinik behandelt werden, deren Bezahlung Ricardo übernimmt. Sie will lebendig sein und verwechselt das Leben mit Aktivität und Sexualität. Sie ist in ihrer Tragik eine moderne Anna Karenina, innerlich leer, auf der Suche nach Erfüllung und Sinn in menschlichen Beziehungen. Ricardos Ziele sind bescheidener. Er will nur in Paris leben, sein Auskommen haben, lesen und Theater besuchen. Genügsam lebt er in einer Zweizimmerwohnung, sein Tag ist ausgefüllt mit Arbeit, seine Passion ist die russische Literatur, sein Vergnügen das Kino, Theater, Museum.

Seit ihrer ersten Begegnung ist er von Otilita verzaubert. Er soll sie sein ganzes Leben lang lieben und sie noch im Sterben begleiten. Aber bis dahin ist es ein langer und leidvoller Weg von Trennungen und Wiedervereinigungen. Sie begegnen sich immer wieder, er liebt sie als Frau seines Lebens, aber sie spielt mit ihm, nimmt ihn nicht ernst, lässt sich von ihm verwöhnen, auch sexuell. Als sie ihn wieder einmal verlässt, will er sich in seiner Verzweiflung von einer Brücke stürzen, aber ein Clochard hängt sich an seine Beine und hält ihn so davon ab.

Die Stationen ihrer Liebe sind die heutigen Lebensorte von Mario Vargas Llosa: Lima, Paris, London und Madrid. Am Ende stirbt sie an Krebs und lebt ihre letzten 37 Tage mit Ricardo. Es scheint, als ob sie beide erst im Sterben loslassen und die gemeinsame Zeit genießen können. Bei aller Ähnlichkeit in ihren Lebens- und Liebesthemen gehen sie dennoch jeweils anders mit ihnen um. Sie hat Angst vor der Enge, er lebt die Genügsamkeit. Sie sucht immer und überall tiefe Lebendigkeit, er hat dagegen eine innere Zufriedenheit, nachdem er sich seinen Wunschtraum, in Paris zu leben, erfüllt hat. Sie repräsentiert die permanente Flucht, er das Ankommen, sie die Unruhe und er die Ruhe. Ohne diese rastlose Frau breitet sich Langeweile und Eintönigkeit in seinem Leben aus, ohne ihn verliert sie sich in einer falschen, oberflächlichen und gefährlichen Lebendigkeit und in einer Überanpassung, aus Angst vor dem Schicksal ihrer Familie. Diese Gegensätze bei allen Gefühlen der Gleichheit hat der Paartherapeut Jürg Willi eine Kollusion genannt (co = gemeinsam, ludere = spielen). Es ist ein meist unbewusstes Zusammenspiel beider Partner, wobei die Unterschiedlichkeit sowohl anziehend als auch abstoßend ist: Beide fühlen sich durch die Fähigkeiten des anderen angezogen, gleichzeitig verfügt der andere damit über etwas, was sie selbst nicht haben. So entsteht meist ein Teufelskreis von Annäherung und Abstoßung; sie können nicht ohne einander, aber auch nicht dauerhaft und zufrieden miteinander leben. Beide sind Kinder der Hoffnungslosigkeit aus einem Land, das sich mehr rückwärts als vorwärts entwickelt. Sie erkennen jeweils im anderen das eigene Schicksal, sind einander in der Ferne Hoffnung und Heimat zugleich. Ihre Einheit ist nicht gewählt, sondern notwendig. Ganz anders ist es, wenn die Einigkeit beide stark macht.

Einigkeit macht stark

Als der Präsident der Schwedischen Königlichen Akademie im Jahre 1903 den Nobelpreis für Physik an das Ehepaar Marie und Pierre Curie überreichte, kommentierte er dies mit den Worten: „Conjuncta valent" – Einigkeit macht stark.

Maria Salomee Sklodowska wird 1867 in Warschau geboren. Ihr Vater ist Lehrer für Mathematik und Physik, und sie zeigt auch schon besondere Begabungen in frühen Jahren. Bereits mit sechzehn Jahren beendet sie das Gymnasium mit Auszeichnung. Sie arbeitet zunächst als Lehrerin und finanziert mit ihrem Gehalt das Medizinstudium ihrer Schwester in Paris. Sie selbst geht später zum Studium der Mathematik und Physik dorthin und nun ist es ihre Schwester, die ihr das Studium finanziell ermöglicht. Sie beendet das Studium der Physik als Jahrgangsbeste, das Mathematikstudium als Zweitbeste. Ihr späterer Mann, Pierre Curie, gehört zu ihren frühen Bewunderern. Er ist selbst Sohn eines Arztes. Pierre hat bereits mit einundzwanzig Jahren zusammen mit seinem Bruder die Piezoelektrizität entdeckt, die heute die physikalische Grundlage für Quarz-Uhren darstellt. Er wirbt um Marie, sie gibt seinem Drängen nach und heiratet ihn im Jahre 1895. Fortan arbeiten sie viel gemeinsam in den Forschungslabors, entdecken die Strahlung von Thorium und Radium. Der Begriff „radioaktiv" stammt von Marie Curie. Für die Isolierung von Radium erhält Marie im Jahre 1911 einen zweiten Nobelpreis, diesmal in Chemie. Ihre beiden Töchter Irene und Eve werden 1897 und 1904 geboren. Im Jahre 1906 stirbt Pierre bei einem Unfall, als er von einem Pferdewagen überrollt wird. Sie leidet sehr unter seinem Tod, zumal sie nun allein erziehende Mutter mit zwei kleinen Kindern ist. Materiell geht es ihr aber langsam besser, denn sie kann die Professur ihres Mannes übernehmen und ist damit die erste Professorin an der Eliteuniversität Sorbonne. 1914 wird sie Leiterin des Radium-Instituts in Paris, das zum Zentrum für Nuklearphysik wird. 1934 stirbt Marie Curie leidvoll an Blutkrebs, eine Folge der Strahlenbelastung. Ihre erstgeborene Tochter, die schon jahrelang ihre Assistentin war, setzt die Studien ihrer Mutter fort und erhält wie diese einen Nobelpreis in Chemie im Jahre 1935. Mutter, Vater und Tochter bekommen zusammen vier Nobelpreise, das ist bis heute einmalig. Marie und Piere haben zusammen gearbeitet und geforscht. Ihr Leben war mehr als bescheiden, selbst zu Hause gab es ein Labor. Die gemeinsame Arbeit an der Erforschung der Bausteine der Materie und die gegenseitige fachliche Befruchtung und Herausforderung standen im Mittelpunkt ihrer Paarbeziehung.

Die Liebe zur Musik

Die Liebesbeziehung zwischen Cosima Wagner und ihrem Mann Richard gründet auf der Liebe zur Musik. Cosima ist eine nichteheliche Tochter von Franz Liszt und Marie d'Agoult. Erzogen von ihrer österreichischen Großmutter und einigen Gouvernanten, wächst sie in Sehnsucht nach ihren leiblichen Eltern auf. Mehrfach in ihrem Leben hat sie suizidale Krisen, ein ungeliebtes Kind, das sich schuldig glaubt. Als Cosima in die Pubertät kommt, tauchen ihre Eltern wieder auf, aber nur, um sich erneut zu streiten. Cosima wird zu einer Erzieherin nach Berlin abgeschoben, in das Haus Bülow, wo sie ihrem späteren Mann Hans, dem Sohn der Hausherrin, begegnet. Auch Hans von Bülow leidet unter einem abwesenden Vater und wählt sich später Liszt und Wagner als Vaterersatz, so dass Cosima und Hans nicht nur in der Liebe zur Musik, sondern auch in der Liebe zu ihren damaligen Göttern aufgehen.

Als Cosima 1837 geboren wird, hat Richard Wagner bereits vier Jahre zuvor seine erste Oper „Die Feen" komponiert. Er ist 24 Jahre älter als sie, sie überlebt ihn um 47 Jahre. Das erste Mal treffen sie sich im Hause Liszt in Paris im Jahre 1853, damals ist sie sechzehn Jahre alt. Die vaterlose Tochter verliebt sich in den viel älteren Richard Wagner, weil dieser nicht nur Vaterfigur für sie ist, sondern ein ebensolches Musikgenie, wie ihr Vater es war. Cosima heiratet sehr früh, bereits mit neunzehn Jahren ist sie eine Baronin von Bülow. Und von Beginn an bindet die beiden Eheleute die Liebe zu Wagners Musik. Hans von Bülow wird später sogar Wagners Chefdirigent, der es auf geniale Weise versteht, nicht nur die Musik des Meisters zu intonieren, sondern ihren Geist, ihre Mystik erklingen zu lassen.

1863 bekennen Richard Wagner und Cosima einander ihre Liebe. Aber Wagner pflegt weiter seine Liebschaften an verschiedenen Orten, ist ein Reisender in Sachen Liebe. Seine Affären mit anderen Frauen enden erst, als Cosima ihn zum ersten Mal zum Vater macht. Erst dadurch bekommt sie eine „Monopolstellung", die sie sich aber auch immer wieder erkämpfen muss, sei es durch Nachstellen und Kontrollieren, sei es durch suizidale Krisen. Die beiden heiraten 1870 und ziehen ein Jahr später nach Bayreuth, wo Ludwig II. ein Festspielhaus für Wagner hat errichten lassen, das mit dem „Ring der Nibelungen" feierlich eingeweiht wird.

Richard Wagner liebte Cosima deshalb, weil sie es mit ihm aushielt und obendrein immer loyal zu ihm stand. Cosima liebte Richard, weil er drei Dinge vereinte, die sie an ihren Vater erinnerten, nach dem sie sich immer gesehnt hat: das Alter, die Liebesaffären und die Musik. Bisweilen sind es eben mehrere und sogar schmerzliche Themen, die in einer Beziehung die Liebesbindung herstellen, und vielleicht bekommt die Liebe ja dadurch eine größere Dauer, Bedeutung und Tiefe, als wenn sie nur ein Motiv hätte.

Die Suche nach persönlicher Bedeutung

Manchmal werden Männer von Frauen erst wahrgenommen, wenn sie erfolgreich sind. Josephine hat den jungen korsischen Offizier Napoleon Bonaparte nicht ernst genommen, solange er ihr nachstellte, aber als er von einem militärischen Sieg zum anderen zog, wurde er für sie immer interessanter.

Das gemeinsame Thema von Josephine und Napoleon ist in ihrer Herkunft begründet, denn beide waren Emporkömmlinge mit Minderwertigkeitsgefühlen, die sich in der Pariser Gesellschaft behaupten mussten. Sie strebten nach Bedeutung und Anerkennung und je mehr der eine sie erlange, desto besser ging es auch dem anderen. Sie wurde bedeutsam und anerkannt durch ihn und sein Stern ging unter, als er sich von ihr trennte, obwohl er sie noch liebte. Sie haben sich selbst im anderen gesehen, im Leiden wie in den Erfolgen.

Josephine ist die Tochter eines französischen Offiziers und Plantagenbesitzers und einer afrikanischer Mutter, geboren 1763 auf der Insel Martinique, einer französischen Kolonie in Westindien. Als sie sechzehn Jahre alt ist, arrangiert ihr Vater eine Ehe für sie mit einer guten Partie, dem Général de Beauharnais. Sie bekommt zwei Kinder mit ihm, aber schon bald lebt das Paar getrennt. 1794 wird der General in den Wirren der Französischen Revolution von den Jakobinern erst eingekerkert, dann von der Guillotine enthauptet. Auch sie wirft man in den Kerker, wird aber freigelassen, als die Welle des großen Terrors endet. Sie hat zwar ihr Leben gerettet, aber sie ist allein mit zwei Kindern und hat nur ihren sprichwörtlichen Charme, mit dem sie ihr Leben und das ihrer Kinder erhalten kann. So wird sie die Geliebte einflussreicher junger Männer. Ihr Ruf ist also nicht der beste, als Napoleon sie zum ersten Mal trifft.

Napoleone Buonaparte wird 1769 auf Korsika geboren.

Sein Vater schickt ihn schon früh nach Paris auf die Militärschule, wo er das Handwerk lernt, das ihn berühmt machen soll. Bereits mit vierundzwanzig Jahren wird er aufgrund seiner militärischen Verdienste bei der Belagerung von Toulon vom Nationalkonvent zum General ernannt. Im September 1795 lernt er Josephine Tascher de la Pagerie kennen, die verwitwete Vicomtesse de Beauharnais. Obwohl sie keine besondere Schönheit ist und einen fragwürdigen Lebensstil pflegt, verliebt er sich sofort in sie. Als er sie heiraten will, ist sie verblüfft und zeigt ihre mangelnde Begeisterung deutlich. Aber ihre bisherigen Liebschaften haben ihr nicht die Sicherheit einer erneuten Ehe in Aussicht gestellt und deshalb willigt sie ein, zumal der junge General eine glänzende Zukunft vor sich zu haben scheint. Nach der Heirat im März 1796 nimmt er an einem Italienfeldzug teil, bei dem er von einem Sieg zum nächsten zieht. Während seiner Abwesenheit sieht man schon wieder einen jungen Parvenu an der Seite Josephines. Da bleibt ihm nicht verborgen, er rast vor Eifersucht und nicht wenige meinen, dass er von einem Sieg zum anderen eilt, weil er eifersüchtig ist und nach Paris zu seiner Frau will. Sobald er sie wieder sieht, kommt es zu heftigen Auseinandersetzungen, die aber schnell wieder verpuffen, weil sie ihn mit ihrem Charme um den Finger wickeln kann, sehr zum Leidwesen seiner Familienmitglieder, die Josephine immer abgelehnt haben. Man hat spekuliert, ob er sie nicht wegen ihrer vielen Verbindungen in die Pariser Gesellschaft geheiratet hat, und auch, ob er sich von ihr erhoffte, den notwendigen gesellschaftlichen Feinschliff zu bekommen. Nach seinen Briefen und allen anderen Indizien muss man allerdings davon ausgehen, dass er sie einfach nur liebte, und zwar so sehr, dass er ihr alle Fehltritte verzieh. 1804 wird der siegreiche Held und mittlerweile mächtigste Mann im Staate in Notre Dame in Anwesenheit des Papstes zum Kaiser aller Franzosen gesalbt. Josephine wird Kaiserin.

Je bedeutsamer Napoleon in Frankreich und weit darüber hinaus wird, je mehr Siege er als glänzender Stratege auf dem Schlachtfeld erringt, je mehr Schlösser er Josephine schenken kann, je mehr Gesetze in seinem Namen erlassen werden, desto erotischer wirkt er auf sie, desto mehr liebt sie ihn. Aber auf dem Höhepunkt seiner Macht kann Napoleon keinen Thronfolger vorweisen. Zwar hat Josephine bereits zwei Kinder, doch von ihm bekommt sie keins. Das lag wahrscheinlich nicht an ihm, hatte er doch durch ein nichteheliches Kind aus einer Liebesaffäre bewiesen, dass er zeugungsfähig war. Zudem war ihm klar, dass seine Anerkennung an den europäischen Adelshöfen und in den Herrschaftshäusern begrenzt war, solange Josephine mit ihrer zwielichtigen Vergangenheit an seiner Seite war. Schweren Herzens trennt er sich von ihr. Vielleicht hätte er die Trennung vermeiden können, wenn er selbst eine tadellose Herkunft gehabt hätte, aber er entstammt auch nur niederem korsischen Landadel. Also heiratet er 1810 Marie-Louise, die Tochter des Habsburger Kaisers Franz I. Zwar bekommt er mit ihr den erhofften Sohn, aber es scheint, als ob die Trennung von Josephine zugleich das Ende seiner Karriere bedeutete. Militärische Niederlagen in Russland und Waterloo folgen und 1814 wird er in die Verbannung auf die Insel Elba geschickt. Im gleichen Jahr stirbt Josephine in Malmaison. 1815 geht er in die Verbannung nach St. Helena, wo er 1821 stirbt. Von Josephine sagt er noch kurz vor seinem Tod, sie sei die beste Frau Frankreichs gewesen.

Die Suche nach seelischer Integrität

Zwei äußerlich erfolgreiche Menschen, berühmte Mitglieder der High Society, nach ihrer Herkunft aber gesellschaftliche Außenseiter, erkennen sich im anderen wieder und starten gemeinsam den Versuch, ihre brüchigen Existenzen zu heilen und zu seelischer Integrität zu gelangen. Obwohl sie Erfolg haben, jeder auf seine Weise, ist ihr Inneres zerbrechlich. Der Partner scheint dieses Lebensthema nur zu gut zu kennen, und beide gehen unterschiedliche Wege, um aus der latenten persönlichen Krise herauszukommen. Er repräsentiert den Geist und sie den Körper, er liest und schreibt Bücher, um sich auf diese Weise zu erkennen und zu heilen, und sie macht Filme, in denen sie stark und begehrenswert ist. Beide zusammen erscheinen als Paar unschlagbar, denn in der Einheit sind sie ein geheiltes Ganzes. Die Rede ist von der Schauspielerin Marilyn Monroe und dem Schriftsteller Arthur Miller.

Arthur Miller wird 1915 als Kind jüdischer Eltern geboren und wächst auf im berüchtigten New Yorker Stadtteil Harlem, und dies in den schweren Zeiten der großen Depression nach dem „Black Friday", dem Zusammenbruch der New Yorker Börse im Jahre 1929. Sein Vater handelt mit Textilien. Er ist ein Außenseiter in seiner Kindheit und Jugend: jüdisch, weiß, mittellos. Dieses Außenseitergefühl wird er nie los. Aber in den Pausen bei den vielen verschiedenen Jobs als Sänger, Tellerwäscher, Lagerarbeiter und Lastwagenfahrer, mit denen er sein Studium finanziert, liest er Bücher. Und er beginnt zu schreiben, weil er damit seiner Lebenssituation entfliehen kann, sich schreibend innerlich reinigt und erneuert und eine Aktivität entwickeln kann, die ihm im wirklichen Leben aufgrund seiner Schüchternheit nie gelingt. Diese Schüchternheit wird Marilyn Monroe später erspüren und lieben lernen, denn es ist der brüchige

Kern hinter einer festen Fassade, den sie selbst sehr gut kennt.

Arthurs Vater kann weder lesen noch schreiben und erst viel später, als er seinen Vater dank Marilyn anders kennen und lieben lernt, liest er ihm seine Stücke vor. Sie handeln von der verlogenen Moral einer rein am Profit orientierten Gesellschaft und entsprechen damit ganz seinem inneren Thema: Eine äußerlich intakte und stolze Gesellschaft leidet an innerer Zersetzung durch eine marode und widersprüchliche Moral. Einer seiner bekanntesten Werke neben „Death of a Salesman" (Tod eines Handlungsreisenden) heißt „The Misfits" (Nicht gesellschaftsfähig). Er hat bereits mit neunzehn Jahren geheiratet und aus dieser Ehe zwei Kinder, als er im Alter von fünfunddreißig Jahren zum ersten Mal Marilyn Monroe trifft. Besonders moralisch integer wirkt sie nicht auf ihn, aber das findet er wiederum anziehend, weil er diese Seite bislang nicht ausgelebt, sondern nur verurteilt hat, mit Moral natürlich.

Marilyn Monroe wird 1926 als Norma Jean Baker geboren, ihren Künstlernamen legt sie sich erst nach ihrem ersten Film 1946 zu. Sie ist die Tochter einer jungen Frau, die von einem Mann geschwängert und dann verlassen wird, mit der Erziehung des Kindes völlig überfordert ist und daher das Kind schon sehr früh an Pflegeeltern abgibt. Normas Mutter gibt den Namen des Vaters bei der Geburt nicht an; ihre Tochter wird ihn zeitlebens suchen. In den besten Zeiten ihrer Beziehung nennt sie Arthur Miller „Dad", später auch seinen Vater. Norma verbringt den größten Teil ihrer Kindheit und Jugend zwischen Pflegeeltern und Heimen. Sie hat keine festen und sicheren Bezugspersonen, kann keine sichere innere Bindung entwickeln, hat keine Selbstsicherheit. Sie lernt, zu überleben, aber nicht: zu leben, dazu hätte sie mehr Sicherheit und Liebe in persönlichen Beziehungen gebraucht. Die fehlende innere Stabilität und

Unabhängigkeit führen sie später in die Abhängigkeit von Alkohol und Medikamenten. Die Medikamente geben ihr das trügerische Gefühl der Sicherheit und Stabilität und lassen sie die Schmerzen ihres Lebens nicht mehr spüren. Auf der ewigen Suche nach Sicherheit, Halt und einem Vater heiratet sie im Jahre 1942 bereits mit sechzehn Jahren zum ersten Mal. Während des Krieges arbeitet sie als Fotomodell; 1953 gelingt ihr mit dem Film „Niagara" der Durchbruch als Schauspielerin. Zwei Jahre zuvor lernt sie den erfolgreichen Schriftsteller Arthur Miller kennen, der sich aber abweisend zeigt. Er ist verheiratet, hat zwei Kinder, scheint mitten im Leben zu stehen, hat Erfolg. Und es ist diese Ausstrahlung, die sie so fasziniert.

Den Heiratsantrag macht er ihr über das Fernsehen, ohne dass sie davon wusste. Er hatte in den 1940er Jahren an einigen Treffen von kritischen Schriftstellern im Umkreis der Kommunistischen Partei teilgenommen und wird nun, in den Zeiten der Hexenjagden des Senators McCarthy, vor Untersuchungsausschüsse geladen. Diese Sitzungen werden teilweise im Fernsehen übertragen und bei einer solchen Befragung sagt er, dass er seinen Pass zurückhaben wolle, weil nach England reisen wolle mit seiner neuen Frau Marilyn Monroe. Sie verfolgt die Sitzung am Fernseher und kommentierte den Heiratsantrag gewitzt: Sie finde es wahnsinnig nett von ihm, ihr seine Pläne mitzuteilen. Das Paar heiratet 1956, aber schon kurze Zeit später schreibt er in sein Tagebuch, dass er vor allem Mitleid für sie empfinde. Das ist das alte Thema der beiden ausgeschlossenen Kinder, die endlich Mitleid verdienen, weil sie herumgestoßen werden von einem Heim ins andere, oder von den Gangs auf den Straßen in Harlem. Die beiden entfremden sich immer mehr, obwohl sie gemeinsam an einem Film arbeiten, in dem er für sie eine Hauptrolle vorsieht (The misfits). Als sie die zweite Fehlgeburt erleidet, bricht Marilyn Monroe zusammen und betäubt sich nur noch mit Alkohol und Tabletten. Sie gibt sich selbst die Schuld und fördert damit ihren Suizid, den sie nur wenige Jahre später begehen soll. Ein Jahr vor ihrem Tod, 1961, trennen sie sich. Sie sucht ihren Vater jetzt in einer geheimen Liebesaffäre mit dem Vater der Nation, John F. Kennedy, aber auch diese Beziehung geht nicht gut. Dann wählt sie sich einen anderen großen Helden der Nation, den Baseballstar Joe di Maggio, aber kurz vor der Heirat stirbt sie. Während Joe di Maggio ihr noch 20 Jahre lang frische Blumen auf das Grab legen lässt, weigert sich Arthur Miller, zu ihrer Beerdigung zu gehen.

Wir verändern die Welt

Ein besonderer Traum jedes verliebten Paares besteht darin, zusammen die Welt zu verändern. Anfangs streben sie dies durch ihre Liebe an, später durch ihre Kinder und manchmal auch durch ihre gesellschaftliche Stellung oder gar politische Macht. Ausgangspunkt für solche großen Veränderungswünsche sind nicht selten negative Erfahrungen persönlichen Leidens oder gar großer Ohnmacht.

Bill Clinton hat in seinen frühen Kindheitsjahren Ereignisse erlebt, die man heute vielleicht sogar als Traumatisierungen bezeichnen würde. Als Bill Clinton 1946 in Hope, Arkansas, geboren wird, ist sein Vater drei Monate zuvor bei einem schweren Autounfall tödlich verunglückt. Seine Mutter Virginia kehrt daraufhin in ihr Elternhaus zurück. Als Bill fünf Monate alt ist, verlässt seine Mutter ohne ihn das Elternhaus, um in New Orleans eine Ausbildung zur Narkoseschwester zu machen. Bill bleibt bei seiner Großmutter Edith, die ihn bis zu seinem vierten Lebensjahr erzieht. Erst dann kommt seine Mutter zurück und nimmt ihren Sohn wieder zu sich. Bill hängt sehr an seiner Großmutter, die für ihn in seinen ersten Lebensjahren wie eine Mutter ist, und ihr Verlust wiegt schwer für ihn. Und nun kommen noch Gewalt und Sucht hinzu, denn seine Mutter heiratet Roger Clinton, einen chronischen Alkoholiker, der sie immer wieder schlägt, auch in Gegenwart ihres Kindes. Der junge Bill muss jahrelang ohnmächtig miterleben, wie sein betrunkener Stiefvater seine Mutter schlägt; im Alter von vierzehn beginnt er, sie zu verteidigen. Seine Mutter lässt sich nach einem langen Martyrium von diesem Mann scheiden, heiratet ihn aber später wieder – aus Mitleid, nicht aus Liebe, wie sie sagt. Einige Jahre später, während derer er bei seiner Mutter lebt, wird seine geliebte Großmutter nach einer Gehirnblutung in eine Anstalt gebracht. All diese vielen Trennungen und Verluste sind schwer zu verarbeitende Erfahrungen für einen kleinen Jungen ohne Vater, der gerade sieben Jahre alt ist. Der kleine Bill hat sich damals anscheinend vorgenommen, dieser Welt zu entfliehen, der familiären kleinen voll Alkohol, Gewalt und Demütigungen und der großen Welt der Südstaaten mit ihrer Rassendiskriminierung, Armut und der Unterdrückung der Frauen. Er hat später eine Frau geheiratet, die besonders stark, intelligent und selbstbewusst war und das gleiche Lebensthema hatte: die Änderung der gesellschaftlichen Verhältnisse, insbesondere die Emanzipation der Frau.

Hillary Rodham wird am 26. 10. 1947 in Chicago geboren und stammt aus einer gutbürgerlichen und konservativen Familie. Im Vergleich zu Bill hat sie eine vergleichsweise unbeschwerte und glückliche Kindheit. Die Gleichberechtigung der Frau ist für sie schon früh ein zentrales Anliegen. Als Teenager schreibt sie nach den ersten Mondlandungen eine Bewerbung an die NASA, um Astronautin zu werden. Sie wird nicht wegen ihres jungen Alters abgelehnt, sondern weil sie eine Frau ist; dies hat sie tief verletzt und zugleich geprägt. Nach ausgezeichnetem Abitur geht sie auf das Wellesley College in Massachusetts, ein Elite-College für Frauen. Als Jahrgangsbeste 1969 darf sie als erste Frau die Abschlussrede halten, in der sie den Vietnamkrieg anprangert und sich für die Rechte und die Emanzipation der Frau ausspricht.

Als Bill Clinton und Hillary Rodham sich in der Bibliothek der Universität Yale kennen lernen, finden sie im anderen die gleichen Lebensthemen aus unterschiedlichen Perspektiven. Sie ist eine hochintelligente und streitbare Frau, er ein brillanter Redner, beide empfinden eine Leidenschaft für Politik und wollen die sozialen Verhältnisse verändern. Sie stürzen sich gemeinsam in die Politik. Hillary ist als politisch engagierte Juristin an der Vorbereitung des Amtenthebungsverfahrens für Richard Nixon beteiligt, dem er nur entgeht, weil er vorher zurücktritt. Sie verlässt 1973 mit einem herausragenden Examen die Yale Law School, beginnt aber nicht die erwartete Karriere in Washington, sondern entscheidet sich für ein Leben mit Bill im rückständigen und konservativen Süden. Keine ihrer damaligen Freundinnen versteht diesen Schritt, denn sie verzichtet damit auf eine Karriere und folgt – gänzlich unemanzipiert – den Spuren ihres Mannes. Biografen meinen, sie hätte in dieser Partnerschaft ein größeres Potential zur Veränderung der Welt gesehen als in einer eigenen Karriere. Sollte sie das geplant haben, so wäre sie sehr weitsichtig gewesen.

Bill ist ebenfalls ein ausgezeichneter Jurist, lehrt Jura an einer Universität in Arkansas und wird dann Justizminister. Mit zweiunddreißig Jahren wird er zum jüngsten Gouverneur der USA gewählt. Im Oktober 1975 heiraten sie, 1980 wird ihre Tochter Chelsea geboren, zwei Jahre später wird er wieder zum Gouverneur gewählt. In dieser Zeit baut sich das Ehepaar Rodham-Clinton eine starke Machtbasis in Arkansas auf. Seine beiden Wahlen zum Präsidenten der USA verdankt er zu nicht unerheblichen Teilen seiner Frau. Er selbst spielt ironisch darauf an, wenn er im Wahlkampf lachend den Slogan verkündet: „Buy one, get one free" (Kaufe einen und bekomme einen gratis dazu). Hillary wird die erste First Lady der USA, die ein Regierungsamt unter der Präsidentschaft ihres Mannes bekleidet. Nach der Lewinsky-Affäre zieht sie sich immer mehr aus der aktiven US-Politik zurück, geht mit Tochter Chelsea auf Reisen. Viele sagen, dass Bill Clinton nur deshalb einem Amtsenthebungsverfahren entgangen sei, weil seine Frau in dieser Zeit zu ihm gestanden habe. Heute ist Hillary Senatorin des Staates New York und hat starke Ambitionen, als erste Frau Präsidentin der USA zu werden, und er erklärt, er würde als First Husband gern mitgehen. Dann könnten sie beide den zweiten großen Versuch starten, die Welt zu verändern.

Weitere Paare und Themen könnten sein: die künstlerische Selbstinszenierung bei dem Ehepaar Christo, bei John Lennon und Yoko Ono oder bei Salvador Dalí und seiner Frau Gala; die Entdeckung der Sexualität bei Henry Miller und Anaïs Nin oder D. H. Lawrence und Frieda von Richthofen, sicherlich auch bei Marquis und Madame de Sade; die Frage der Geschlechterbeziehungen am Beispiel von Simone de Beauvoir und Jean Paul Sartre oder auch Jean Cocteau und Jean Marais; die Schönheit des Geistes am Beispiel von Rainer Maria Rilke und Lou Andreas-Salomé oder auch Clara Wieck und Robert Schumann.

Alle Paare der Welt sind durch ein Lebens- oder Liebesthema vereint. Es bringt sie zusammen, stellt ein inneres Band zwischen ihnen dar. Aber wer die Fragen und Themen kennt, der muss nicht unbedingt der Beste sein, wenn es um die Lösungen geht, das ist das Dilemma der Partnerwahl. Und diese Lösungen sind weniger intellektuelle Leistungen als vielmehr emotionale, vielleicht geht es um emotionale Intelligenz. Eine wesentliche Voraussetzung, um überhaupt eine Paarbeziehung eingehen zu können, besteht darin, verstanden zu werden. Man muss sich verstanden fühlen, und dies kann in Bezug auf die jeweiligen Lebens- und Liebesthemen nur jemand, der diese auch kennt. Wir wissen einerseits sehr viel über Partner und Paare, und auf der anderen Seite erschreckend wenig.

Was wir wissen – und was wir nicht wissen

Partnerwahl im Umkreis von 30 Kilometern

Unser persönliches Glück ist davon abhängig, mit welchen Menschen wir zusammen leben. Zunächst ist es die Herkunftsfamilie, in die wir hineingeboren werden, die schon früh die Weichen für unsere Entwicklung und für unser späteres Leben stellt. Danach kommen die Freundschaften in Kindergarten und Schule, die fordernden und fördernden Lehrer, die Gemeinschaft der Gleichaltrigen in den schwierigen Zeiten der Pubertät, die Kollegen in Ausbildung und Beruf und die ersten Liebes- und Paarbeziehungen. Später kommen die eigenen Kinder hinzu und bereichern unser Leben auf außergewöhnliche Weise. Leben wir in liebevollen privaten Beziehungen, dann fühlen wir uns wohl und begegnen den Herausforderungen des Lebens mit Selbstvertrauen, Mut und Zuversicht. Persönliche Entwicklungen gelingen, Krankheiten haben dank einer besseren Immunabwehr weniger Chancen, Herausforderungen des Lebens werden angenommen und gemeistert, Glückshormone werden freigesetzt, die berufliche Karriere kann mit Elan und Kraft verwirklicht, die persönlichen Lebensziele können angestrebt werden – beinahe alles erscheint möglich, wenn wir die richtigen Menschen um uns haben.

Von allen persönlichen Beziehungen sind die Liebesbeziehungen zu unseren Partnern – neben den zu unseren Kindern – die wichtigsten. Mehr als 95 Prozent aller Menschen haben mindestens einmal in ihrem Leben eine Liebesbeziehung. Die richtige Partnerwahl entscheidet über einen erheblichen Teil unseres persönlichen Glücks oder Unglücks. Und selbst wenn Armut, Krankheit oder Arbeitslosigkeit uns das Leben schwer machen, kann es mit einem liebevollen Partner besser ertragen und verändert werden. Empirische Untersuchungen haben bestätigt, dass eine hohe Zufriedenheit in der Partnerschaft in der Regel eine allgemeine Zufriedenheit im Leben bewirkt, und dass diejenigen, die mit ihrer Partnerschaft unzufrieden sind, auch über ein schlechtes Lebensgefühl klagen.

Was wir wissen – und was wir nicht wissen

Was wissen wir über diese so entscheidende Frage, wie Menschen den richtigen Partner finden können? Wir wissen beispielsweise, dass noch immer 90 Prozent aller Ehen zwischen Partnern eingegangen werden, die nicht mehr als 30 Kilometer voneinander entfernt geboren wurden (Hassebrauck/Küpper 2002). Ist dies ein Hinweis darauf, dass die Menschen sehr bodenständig wählen, dass die Globalisierung doch noch nicht so weit fortgeschritten ist wie vermutet? Oder dass sich am leichtesten die Menschen zusammenfinden, die demselben Kulturkreis entstammen?

Wir wissen, dass die meisten Menschen sich nicht in Diskotheken, Bars oder Kneipen kennen lernen, sondern immer noch dort, wo sie arbeiten, zur Schule gehen oder studieren – wo sie sich im Alltag begegnen. Dies mag je nach Altersgruppe unterschiedlich sein und es ist wahrscheinlich, dass bei Jugendlichen Diskotheken eine größere Bedeutung für Partnerkontakte haben als bei Menschen mittleren Alters. Viele Menschen, die heute in Mitteleuropa auf der Suche nach einem Partner sind, versuchen, die Vorteile des Internets zu nutzen. Aber auch wenn man nach vielen eingegebenen Kriterien einen vermeintlich passenden Partner gefunden hat und mit diesem viele Stunden anonym im virtuellen Chatroom verbracht hat, steht die Bewährungsprobe in der Realität noch aus. Die meisten realen Kontakte zwischen Internetpartnern werden nach einem ersten Treffen zum Kennenlernen nicht mehr fortgesetzt. Liegt das daran, dass die Menschen sich im Internet alle anders und besser darstellen, als sie wirklich sind, oder daran, dass die Erwartungen bei einem Treffen so hoch sind, dass ihnen keiner entsprechen kann? Oder sind es letztlich doch Ängste, eine intime Beziehung wirklich einzugehen, sich wieder jemandem zu öffnen und damit erneut Verletzungen zu riskieren, die ein weiteres Treffen mit dem ausgesuchten Internetpartner verhindern?

Partnerschaftsanzeigen haben dann die größte Chance, von vielen Menschen beantwortet zu werden, wenn sie möglichst kurz und allgemein gehalten sind. Die beste Anzeige lautet demnach für Frauen: „Junge, attraktive Frau sucht Partner!" Oder für Männer: „Erfolgreicher, intelligenter Mann sucht Partnerin!" Je mehr die Suchenden an Wünschen, Erwartungen, geforderten Eigenschaften oder Mitteilungen über sich selbst in eine Anzeige schreiben, je ausführlicher, offener und ehrlicher sie also sind, desto weniger Antworten werden sie bekommen. Glauben die Menschen den Selbstdarstellungen nicht? Oder meinen sie, den Erwartungen und Wünschen eines anderen nicht entsprechen zu können? Oder lässt eine solche kurze Anzeige den größten Raum für Fantasie und fördert damit den Wunsch, sich kennen zu lernen, weil die eigene Fantasie der beste Nährboden für das Verlieben ist?

Schönheit hat eine besondere Bedeutung in der Partnerwahl. Wir entscheiden über die Attraktivität eines Menschen mit einem Blick von nicht mehr als hundert Millisekunden. Ein schmales Kinn, eine kleine Nase und große Augen sind die Merkmale für Jugendlichkeit, dagegen gelten volle Lippen, hohe Wangenknochen und ein ovales Gesicht als Kennzeichen für sexuelle Reife. Um diese Merkmale aufzuweisen, greifen viele Menschen auf Kosmetika oder plastische Chirurgie zurück; weltweit wird jährlich mehr Geld für Kosmetika und Modeartikel ausgegeben als für Nahrungsmittel. Schöne Menschen werden durchweg als kompetenter, ausgeglichener, leidenschaftlicher, intelligenter und gesunder eingeschätzt als weniger schöne Menschen. Nur in Bezug auf Eitelkeit und Arroganz schneiden sie schlechter ab. Männer finden generell diejenigen Frauen besonders attraktiv, die schön, gesund und jung sind. Es gibt objektive Kriterien für Schönheit und das weltweit, aber was hilft das, wenn man weiß, dass Arthur Miller schiefe Zähne und abstehende Ohren hatte und eine Frau wie Marilyn Monroe ihn trotzdem schön fand? Galt bis ins 19. Jahrhundert Blässe als attraktiv, weil sie anzeigte, dass die Person nicht tagsüber im Freien arbeiten und daher wohlhabend sein musste, so änderte sich dies zur Zeit der Industrialisierung. Bräune ist ein Zeichen für Reichtum und Wohlstand geworden, weil sie darauf hinweist, dass man nicht tagsüber im Büro oder in der Fabrik arbeiten muss, sondern viel Zeit in der Sonne verbringen kann. Heute ist es in Australien wegen des Ozonlochs wieder attraktiv, eine blasse Haut zu haben, die gebräunten Menschen sind aus der australischen Werbung verschwunden. Die Schönheitsvorstellungen ändern sich mit den Produktionsverhältnissen und der geografischen Lage.

Symmetrie spielt bei der Beurteilung der Schönheit eines Menschen eine besondere Rolle. Wir wissen, dass die Symmetrie der Gesichtszüge und des Körperbaus nicht nur beim Menschen, sondern bereits in der Tierwelt als Kennzeichen für Gesundheit gilt. Studien haben ergeben, dass Gesundheit, Lebenserwartung, Wachstum oder Fruchtbarkeit bei symmetrischen Menschen größer sind. Allerdings ist die Wahrnehmung der potentiellen Partner auch abhängig von hormonellen Faktoren. So nehmen Frauen die Männer während ihres Menstruationszyklus differenzierter wahr. Die attraktiven Zonen sind bei beiden Geschlechtern gleich: Männer und Frauen sehen zuerst auf die Augen und den Mund. Insgesamt wird die Schönheit eines Menschen an nicht mehr als vier Punkten im Gesicht und am Körper in weniger als zwei Sekunden beurteilt. Die Selbstbeurteilung ist wiederum interessant: Schöne Frauen beurteilen andere Frauen in ihrem Aussehen kritischer und schlechter, während schöne Männer andere Männer freundlicher bewerten. Aber was soll man von solchen Informationen halten, wenn man gleichzeitig weiß, dass die Beurteilung des Aussehens potentieller Partner bei Sonnenschein oder guter Musik positiver ausfällt als bei Regen und schlechter Laune.

Dennoch ist unumstritten, dass die inneren Werte bei der Partnersuche und Partnerwahl bedeutsamer sind als alle anderen Faktoren. Auch eineiige Zwillinge mit gleichartigen Interessen, Lebensstilen, Gewohnheiten und Werten entwickeln unterschiedliche Partnerpräferenzen. Eine Rangfolge der wichtigsten Eigenschaften eines Partners ergibt folgende Wünsche an einen Traumpartner: Er oder sie sollte verständnisvoll sein, aufrichtig, intelligent, eine interessante Persönlichkeit, humorvoll, ausgeglichen und kreativ. Dies sind alles Persönlichkeitseigenschaften. Erst danach folgen äußere Attribute wie gut aussehend, gesund, sportlich aktiv, gutes Einkommen, religiös oder hoch angesehen (Hassebrauck/Küpper 2002, 99). Diese Rangliste ist eine allgemein menschliche, unabhängig vom Geschlecht. Aber was meinen die Menschen, wenn sie sich einen verständnisvollen Partner wünschen? Neulich sagte mir eine Frau in der Therapie: „Wenn der mich versteht, kann mit dem was nicht stimmen, denn ich verstehe mich häufig ja selber nicht." Was ist ein aufrichtiger Partner? Jemand, der immer ehrlich ist und die Wahrheit sagt? Woran erkennt man Ehrlichkeit, Aufrichtigkeit und Wahrheit? Dass der Mann ihr seine ganzen bisherigen Frauengeschichten in allen Details beichtet, bevor er mit ihr zusammen ist? Dass er ihr offen und ehrlich die Wahrheit über ihre unmögliche Figur, den kleinen Speckgürtel und die Orangenhaut sagt? Wohin führt die Wahrheit, wenn die Menschen in Bezug auf ihre negativen Seiten belogen werden wollen? Die meisten Menschen wollen einen ehrlichen Partner, weil sie in einer späteren Partnerschaft nicht betrogen werden wollen, aber sind die Aussagen verliebter Menschen wirklich ein Indikator für das Verhalten der Partner nach drei oder fünf Jahren?

Frauen bewerten bei der Partnerwahl die Bedeutung des Einkommens doppelt so hoch wie Männer. Dies ist bei Frauen aus Indien und Nigeria besonders ausgeprägt, während deutsche und australische Frauen das Einkommen weniger bedeutsam finden, aber immer noch höher als Männer in diesen Ländern. Kann man daraus schließen, dass ein wohlhabender Mann in Nigeria und Indien die besten Chancen hat, seine Liebespartnerin zu finden? Wahrscheinlich wird er in diesen Ländern leichter eine Frau finden als in den anderen, aber ist er damit seinem Ziel, die Frau seines Lebens kennen und lieben zu lernen, wirklich näher gekommen? Und was ist mit den befragten Frauen, suchen die wirklich einen Liebespartner, oder wollen sie damit nicht viel mehr das eigene Überleben sicherstellen?

Frauen können in ihrem Leben eine begrenzte Anzahl Kinder bekommen. Daraus leitet sich ab, dass sie bei der Partnerwahl wählerischer als Männer sein müssen: Glaubt man den einschlägigen Berichten, dann hat der marokkanische Fürst Moulai Ismail der Blutrünstige 888 legitime Kinder gezeugt. Bedeutet dies, dass Männer weniger wählerisch sind und auf die Verbreitung ihrer Gene aus sind? Bei Männern mittleren Alters soll sich neuerdings eine gegenläufige Tendenz einstellen. Sie achten darauf, eine Partnerin zu finden, die nicht mehr im gebärfähigen Alter ist, weil sie so verhindern können, noch mit einem Kinderwunsch konfrontiert zu werden. Dies würde wiederum zu den sinkenden Geburtenzahlen in Deutschland, Italien und Österreich passen.

Alle Verliebten unterziehen sich gegenseitig einem Test, den Schiller in die berühmten Worte gefasst hat: „Drum prüfe, wer sich ewig bindet, ob sich das Herz zum Herzen findet!" Auf der anderen Seite wissen wir von der Liebe auf den ersten Blick. Wir wissen weiter, dass die spontane Liebe nicht schlechter sein muss in Bezug auf Dauer und Glück als die lang geprüfte, auch das gilt als empirisch erwiesen. Und wir meinen zu wissen, dass arrangierte Ehen schlechter sind, weniger haltbar und glücklich als frei gewählte nach den Gesetzen der Liebe. Schon im Jahre 1967 befragte William Kephart 503 amerikanische Studenten und 576 Studentinnen, ob sie einen Partner heiraten würden, der alle Eigenschaften hätte, die sie sich wünschten. 65 Prozent der Männer antworteten mit Nein, 75 Prozent der Frauen mit Ja (nach Hassebrauck/Küpper 2002, 69). Heute würden in den USA 80 Prozent aller Männer und Frauen die Frage mit Nein beantworten, lediglich 50 Prozent wären es heute in Indien und Pakistan. Die Frage, ob Liebe oder zumindest Verliebtsein eine Voraussetzung für eine Heirat ist, wird von der überwiegenden Mehrheit heute mit Ja beantwortet.

In Indien gibt es noch eine große Zahl arrangierter Ehen. Dort haben Sozialforscher einen Vergleich angestellt zwischen Paaren, die aus Liebe heirateten, und Paaren, deren Ehen arrangiert wurden. In den ersten fünf Jahren war die Liebe gemäß ihren Angaben bei den Liebespaaren größer als bei den arrangierten Ehen, nach fünf Jahren allerdings kehrte sich das Verhältnis um und fortan waren die Partner glücklicher, deren Ehe arrangiert worden war. Ist das ein Beweis dafür, dass die Partnerwahl besser von den Eltern als von der Liebe gesteuert sein sollte?

Wir wissen, dass Frauen von Männern die Initiative bei Kontaktaufnahme erwarten. Aber welche Strategie ist hier die richtige? Soll der Mann die Frau direkt ansprechen: „Ich finde Sie attraktiv und möchte Sie gerne kennen lernen?" Oder soll er den indirekten Weg wählen: „Kennen Sie den neuen Film dieses bekannten Regisseurs?" Oder sollte er sogar den offensiven und frechen Weg wählen: „Sie sehen mich an, als ob Sie mich gerne kennen lernen möchten!" Auch zu dieser Frage hat es eine große empirische Befragung gegeben (Cunningham, in Hassebrauck/Küpper 2002, 124) mit dem Ergebnis, dass die direkte und die indirekte Art eher zum Ziel führen als die freche. Sieht der Mann gut aus, hat er eine positive Ausstrahlung und bringt er sein Anliegen mit Humor und Charme vor, dann wird der Weg wahrscheinlich egal sein; ist er hässlich, stotternd und unsicher, dann kann er jede Strategie anwenden, dann wird er scheitern, wahrscheinlich selbst bei einer weniger schönen Frau, die einen intensiven Partnerwunsch hat.

Der Altersunterschied zwischen Männern und Frauen beträgt bei Erst-Ehen durchschnittlich drei Jahre, bei Zweit-Ehen fünf und bei Dritt-Ehen acht Jahre. Bedeutet das, dass der Altersunterschied ein Kriterium der Wahl war, für die Frau wie für den Mann gleichermaßen, und sagt das etwas darüber aus, ob der Altersunterschied sich positiv oder negativ auf das Liebesglück der Paare ausgewirkt hat? Nach welchen Eigenschaften suchen die Frauen, wenn sie einen älteren Mann zum Partner wählen: Ist das immer die große Erfahrung? Und wonach suchen die Männer, wenn sie sich eine jüngere Frau aussuchen: Ist es immer die körperliche Attraktivität? Oder steckt dahinter eher die Abwehr des eigenen Alterns, letztlich die Leugnung des Todes?

Wir wissen aus empirischen Befragungen, dass die Beschreibung eines idealen Partners bei Frauen viel differenzierter ausfällt als bei Männern. Frauen beschreiben ihren idealen Partner mit durchschnittlich 40 Prozent mehr Eigenschaften als Männer. Frauen suchen einen durchsetzungsfähigen, verlässlichen, erfolgreichen, verantwortungsbewussten, intelligenten und unabhängigen Partner, während Männer eher Faktoren wie Schönheit, Attraktivität oder gute Figur anführen. Bedeutet dies, dass Frauen generell differenzierter sind als Männer, dass sie nur deshalb mehr Kriterien formulieren, weil sie mehr Angst haben als Männer, an den falschen Partner zu geraten, oder dass ihre Ansprüche an Partnerschaften und Liebesbeziehungen größer sind? Und kann man sich wirklich bei allen Befragungen an dem orientieren, was die Menschen sagen? Persönliche und partnerschaftliche Ideale, Selbst- und Fremdbilder sind innere Konzepte, die mehr Auskunft über den Einzelnen und seine Geschichte geben als objektive Informationen.

Alle Menschen träumen den großen Traum von der Liebe des Lebens. Sollte man sich dann so lange enthalten und nach der Liebe des Lebens suchen, bis man meint, sie gefunden zu haben, oder sollte man realistisch sein und sich mit einem halbwegs tauglichen Lebensabschnittspartner begnügen? Und an welchen Kennzeichen oder Merkmalen erkennt man nun die große Liebe? Kann sich eine solche Liebe auch aus einem Lebensabschnittspartner entwickeln? Was ist eigentlich die Liebe des Lebens? Kann sie auch einseitig sein? Kann man vielleicht sogar aus einer einfachen eine große Liebe machen? Gibt es nur einen einzigen richtigen Liebespartner im Leben oder gibt es viele mögliche, je nach Wohnort und Zeit, freien Partnern und Zufällen des Lebens?

Die Liste des vermeintlichen Wissens, das in der Regel weitere Fragen und ein noch größeres Nichtwissen nach sich zieht, ließe sich weiterführen. Wir wissen mittlerweile viel über die Partnerwahl der Menschen, aber noch viel mehr wissen wir nicht! Vielleicht hilft ein Blick auf die Geschichte de Menschheit, bei deren Erforschung es neuerdings durch Untersuchungen zur Partnerwahl einige Fortschritte gegeben hat.

Der einfühlsame Pfau

Partnerwahl als Evolutionsprinzip

Ein Pfauenweibchen gibt gurgelnde Laute von sich, wenn es dem balzenden Männchen signalisiert, dass es zur Paarung bereit ist. Im Sommer 2006 hörte ein balzender Pfau diese eindeutigen Laute aus den Zapfsäulen einer Tankstelle in der englischen Grafschaft Gloucestershire und war fortan von morgens bis abends an der Tankstelle zu finden. Er war Opfer seiner Instinkte geworden, sein Gehör trieb ihn wochenlang an die Tankstelle, das Weibchen sah er nie, seine Partnerwahl war auf eine gurgelnde Zapfsäule gefallen, er war stets bereit zur Befruchtung. Pfauen haben in der Evolutionsbiologie schon öfter eine besondere Rolle gespielt: Bereits Charles Darwin hatte sich über sie gewundert.

Der Federschwanz des Pfauen

Manchmal können sich nicht nur Lebewesen gegenseitig befruchten, sondern auch Wissenschaften. Die neuesten Erkenntnisse der Evolutionsbiologie sind zum Teil das Ergebnis einer solchen Befruchtung durch die Psychologie (Miller 2001). Besonders die Psychologie der Partnerwahl hat ein Problem gelöst, das Darwin lange Kopfzerbrechen bereitete. Charles Darwin ging davon aus, dass das Prinzip der Evolution im Überleben der anpassungsfähigsten Wesen bestehe („Survival of the fittest"). Damit schienen zunächst allein Kraft, Stärke und Gesundheit für das Überleben bedeutsam. Durch eine natürliche Selektion würde im Verlauf der Evolution alles „aussortiert", was diesem Prinzip einer zweckorientierten Überlebensstrategie widerspreche. Mit diesem Evolutionsprinzip hatte Darwin aber ein Dilemma geschaffen, das er selbst nicht erklären konnte, denn anscheinend gab und gibt es unter Tieren und Menschen viele Eigenschaften, die gar nicht sinnvoll für das Überleben, sondern entweder nutzlos sind oder ganz anderen Zwecken dienen. Warum sollen Vögel tausend verschiedene Gesänge zum Überleben benötigen? Haben Opernarien oder Gedichte für die Menschen etwa Überlebenswert – oder sind sie Zufallsprodukte der menschlichen Evolution? Und warum hat der männliche Pfau eine Schwanzfeder, mit der er ein wunderbares, farbenprächtiges Rad schlagen kann? Für das bloße Überleben wäre das Pfauenrad eher hinderlich, weshalb Darwin bereits den Anblick unerträglich fand: „Schon beim Anblick der Schwanzfeder eines Pfauen wird mir übel!" (Darwin, zit. nach Fisher 2005, 148).

Aus der Perspektive einer zweckorientierten Überlebensstrategie braucht der Pfau keine solch prächtige Schwanzfeder und der Mensch keine so reichhaltige geistige Kultur. Die Antwort der modernen Evolutionsbiologie ist einfach: Der menschliche Geist ist ebenso wie der Federschwanz des Pfauen keine Verirrung der Evolution, sondern ein Werkzeug zur Partnerwerbung, Partnerwahl und Paarbildung. Sowohl Geist als auch Schwanzfeder dienen dazu, mögliche Sexualpartner auf sich aufmerksam zu machen, sie anzulocken, dann zu unterhalten und weiterhin für sich einzunehmen. Solch ein Verhalten sicherte vielleicht nicht immer die Arterhaltung, aber den Fortbestand der eigenen Gene. Die Wahl des Partners verläuft manchmal kooperativ, aber bisweilen stehen auch sehr egoistische Motive im

Vordergrund; und manchmal ist die Kooperation nur vorgetäuscht, um egoistische Ziele zu verschleiern. Im Tierreich scheint dies die Regel zu sein.

Tierisches Kämpfen, Kuscheln und Küssen

Stellen Sie sich vor, an einem Küstenstreifen auf Mallorca würden jeden Sommer für mehrere Wochen einzelne Strandabschnitte an Männer vergeben, die sich diesen Platz durch Kämpfe erobert haben, und dann würden Frauen vor der Küste ausgesetzt und müssten an Land schwimmen. Je nachdem, an welchem Teil des Küstenstreifens Sie ankommen würden, hätten Sie damit gleichzeitig die Wahl ihres Sexualpartners für die nächsten Wochen getroffen. Genauso ist es bei den nördlichen See-Elefanten, die sich an der Küste Kaliforniens paaren. Dort kämpfen die Bullen zunächst erbittert um die besten Strandabschnitte, bevor die Weibchen ankommen. Der Kampf der Bullen ist blutig, und sie verlieren in der dreimonatigen Paarungszeit die Hälfte ihres Gewichts. Zunächst müssen sie die besten Strandabschnitte erobern, immer wieder verteidigen und dann die dort ankommenden See-Elefanten-Kühe befruchten. Welche Paare entstehen, entscheidet sich danach, an welchem Strandabschnitt die Kühe angespült werden und welcher Bulle dort sein Territorium erkämpft hat.

Ob die See-Elefantenkühe sich bisweilen gerne anders entscheiden würden, wenn ihnen der Bulle an dem Strandabschnitt, an dem sie gelandet sind, nicht gefällt, wissen wir nicht. Bei anderen Tierarten scheint dies durchaus der Fall zu sein. Ein Beispiel dafür sind die afrikanischen Hammerkopf-Flughunde. In ihrer Balz-Arena („Lekking-Revier") am Ufer des Ivindo in Gabun treffen zunächst die Männchen ein, nehmen ihre Plätze ein, stoßen metallisch klingende Laute aus und schlagen dabei heftig mit den Flügeln. Die am Abend eintreffenden Weibchen fliegen dann von einem zum anderen, begutachten die einzelnen Männchen und entscheiden sich erst dann, bei wem sie sich zur Paarung niederlassen.

Partnerpräferenzen scheint es bei fast allen Tierarten zu geben, aber die Kriterien variieren je nach Spezies, vielleicht sogar individuell. Die Primatologin Jane Goodall, die über 20 Jahre lang Schimpansen in Tansania beobachtete, spricht von Partnerpräferenzen jenseits hormoneller Einflüsse. Individuelle Präferenzen sind sogar wahrscheinlich, denn sonst hätten gezielte Werbungsstrategien keinen Sinn. Grizzlybären kuscheln sich an die Partnerin und schnüffeln an ihren Ohren, amerikanische Marder veranstalten erotische Verfolgungsjagden, Löwen bringen ihrer Angebeteten die eigene Beute als Geschenk zum Fraß, Giraffen reiben sich am Hals des Partners, Tümmler schwimmen längere Strecken synchron aneinandergeschmiegt und Schimpansen küssen sich. Werbungsverhalten ist im Tierreich vielfältig und manchmal ganz eindeutig, wie das Beispiel eines werbenden Schimpansenmännchens zeigt: „Es geht mit erigiertem Penis auf die Hinterbeine, stolziert auf zwei Beinen vor dem Weibchen auf und ab, stampft auf den Boden, wiegt sich hin und her, rüttelt an Ästen und lässt die Auserwählte währenddessen keinen Moment aus den Augen." (Fisher 2005, 46)

Werben stets die Männchen um die Weibchen, ist Partnerwahl bei Tieren eine ausschließlich weibliche Entscheidung? Die Untersuchung der Partnerwerbung und Partnerwahl im Tierreich scheint diese These schnell zu bestätigen, und dies hat seinen Grund. Weibchen müssen bei der Partnerwahl selektiv vorgehen, weil die Reifung ihrer Eier seltener und langwieriger ist und damit die Verbreitung ihrer Gene begrenzt. Selbst bei manchen traditionellen menschlichen Gesellschaften ist ein 4-Jahres-Rhythmus der

Schwangerschaften zu einem Teil ihrer Natur geworden, so bei den australischen Aborigines, den Gainj in Neuguinea, den Yanomami im Amazonasgebiet, den Netsilik der Inuit oder den Kung im südlichen Afrika. Bei den Frauen bleibt der Eisprung nach der Geburt über einen so langen Zeitraum aus, dass sie erst nach vier Jahren das nächste Kind bekommen können. Übrigens ist dies auch bei den westafrikanischen Elefanten so: Sie sind 22 Monate schwanger und danach für weitere zwei Jahre nicht paarungsbereit. Ob dies allerdings eine ausreichende Begründung für die Tatsache darstellt, dass die durchschnittliche Dauer einer Ehe derzeit weltweit bei vier bis fünf Jahren liegt, muss bezweifelt werden; es macht aber nachdenklich.

Dennoch stimmt die These einer ausschließlich weiblichen Partnerwahl so nicht. Zwar findet man häufig sich produzierende Männchen, die allzeit für jedes „heiße" Weibchen verfügbar sind und sogar um es kämpfen, andererseits kennt die Natur auch die weibliche Partnerwerbung. Bei Weibchen gibt es ein Werbungsverhalten, das als Lordose bezeichnet wird. Dabei machen sie ein Hohlkreuz und strecken dem potentiellen Partner das Hinterteil entgegen, um ihn sexuell zu erregen. Manchmal schauen sie dabei gleichzeitig über die Schulter zurück. Westafrikanische Elefantenweibchen sind ein Beispiel dafür.

Von Bonos und Menschen

Menschen rühmen sich damit, auf zivilisierte Weise miteinander umzugehen, und weisen jeden Vergleich mit Tieren als unpassend zurück. Dabei gibt es einige hoch aktuelle Probleme, die von Tieren kultivierter und sozialer gelöst werden als von modernen Bewohnern mitteleuropäischer Großstädte. Beispielsweise leben die meisten Nachkommen der Menschenaffen nicht in Familien, sondern bei ihren Müttern. Während man bei den Menschen aber häufig die allein erziehenden Mütter mit der Erziehung ihrer Kinder alleine lässt, sorgt bei den Schimpansen die soziale Gruppe dafür, dass die Mütter unterstützt und die Kinder in der Gemeinschaft groß werden. Wie heißt noch das afrikanische Sprichwort? „Man braucht ein Dorf, um ein Kind großzuziehen!"

Nur drei Prozent aller Säugetiere gehen eine stabile, längere Partnerschaft ein, um ihren Nachwuchs aufzuziehen, so auch der Mensch. Bonos sind diejenigen Primaten, die uns Menschen evolutionsbiologisch am nächsten sind, denn wir haben mehr als 98 Prozent unserer DNS gemeinsam. Wenn wir uns den Alltag der Bonos ansehen, bekommen wir einen kleinen Einblick in unsere menschliche Vorgeschichte. Bonos leben in Gemeinschaften von achtzig bis hundert Tieren. Sie schlafen in zwanzig Metern Höhe in den Baumkronen des Urwalds, verständigen sich mit mindestens fünfzig verschiedenen Lauten zwischen Rufen, Schreien und Brüllen, benutzen Steinhämmer, um Nüsse zu knacken, Stöcke als Zahnstocher und Servietten aus Grasbüscheln und kämpfen mit Waffen aus Steinen und Stöcken. Bonos sind sexuell sehr aktiv: Kopulieren dient ihnen nicht nur zur Fortpflanzung, sondern auch zur Friedenssicherung und zum Zeitvertreib. Während der Fruchtbarkeitsphase des Weibchens kopulieren sie nahezu pausenlos. Sie küssen sich, tauschen auch Zungenküsse aus, gehen Arm in Arm spazieren, streicheln sich, kraulen und reinigen sich gegenseitig das Fell. Manchmal haben Bono-Weibchen ihre bevorzugten Partner, weil diese gut riechen und stark sind, aber in der Regel sind sie promisk. Die richtige Partnerwahl war für die Entwicklung des Menschen äußerst bedeutsam. Fitnessabstimmung oder assortative Paarbildung nennen Anthropologen die Neigung, sich einen Partner zu suchen, der einem selbst möglichst ähnlich ist (Fisher 2005, 127). Dies hat auch eine genetische Seite. Frauen mit genetisch ähnlichen Partnern haben seltener Fehlgeburten und bekommen mehr und gesündere Kinder, und dies wiederum sichert dem Mann das Fortbestehen seiner Gene.

Die Menschwerdung des Affen wird dem Pleistozän zugeordnet, also dem Zeitraum von 1,6 Millionen Jahren bis vor 10 000 Jahren. Alle Vorfahren des Menschen hatten eine schwarze Hautfarbe, kamen aus den Savannen Afrikas und breiteten sich von dort aus. Auch sie lebten in kleinen, umherziehenden Gemeinschaften. Sexuelle Kontakte fanden in der Regel nur innerhalb der Gruppen statt. Ungefähr 20 bis 30 Stunden in der Woche verbrachten sie mit der Nahrungssuche. Eine lebenslange Monogamie war unbekannt, die Paare lebten schon damals in serieller Monogamie, also in aufeinander folgenden monogamen Partnerschaften. Generell sind sexuelle Kontakte von ungefähr drei Monaten notwendig, um ein Kind zu zeugen, insofern sind die wenigsten Kinder aus kurzen Begegnungen hervorgegangen. Die Kinder lebten in der Regel bei den Frauen.

Man kann davon ausgehen, dass die meisten Partnerwerbungen sich zwischen Männern auf der einen Seite und Frauen mit ihren Kindern auf der anderen Seite ereignet haben müssen. Das bedeutet, dass die Kinder in die Werbungsstrategien der Männer einbezogen werden mussten. Männer lernten also nicht allein stehende Frauen, sondern sorgende Mütter kennen, und Frauen mussten bei der Partnerwahl nicht nur darauf achten, einen attraktiven Mann zu bekommen, sondern auch einen sorgenden Vater. Insofern kann man davon ausgehen, dass Männer sich bei den Müttern eingeschmeichelt haben, indem sie sich bei deren Kindern beliebt machten, und dass die Kinder im Prozess der Partnerwahl durchaus etwas mitzureden hatten. Viele Kinder starben, bevor sie die Geschlechtsreife erlangten, aber die Kinder der „Fittesten" überlebten mit größerer Wahrscheinlichkeit, so dass die jeweils folgende Generation eine durchschnittlich höhere Angepasstheit und Überlebensfähigkeit aufweisen konnte als die vorhergehende.

Die meisten Kriterien der Partnerwahl werden – vor Herausbildung der menschlichen Sprache – wahrscheinlich beobachtbar oder sinnlich erfahrbar gewesen sein. Körperbau, Symmetrie, Geruch, Stimmvolumen, Ausstrahlung, Schönheit und Kraft waren sichtbare, hörbare und fühlbare Eigenschaften. Die gegenseitige Attraktivität der Frauen und Männer war von solchen „Fitnessfaktoren" abhängig. Diese Fitnessabstimmung war schon immer ein hoch komplexer individueller, partnerschaftlicher und sozialer Prozess. Individuell, weil sich jeder über die Kombination attraktiver Faktoren klar werden musste, ob instinktiv oder später geistig; partnerschaftlich, weil dies jeweils zwischen potentiellen Partnern ausgehandelt werden musste; und sozial, weil dieser Prozess immer unter den Bedingungen der Konkurrenz zu anderen Mitbewerbern und im Vergleich zu anderen – besseren oder schlechteren – Partnern passieren musste.

Wann der Übergang von der tierischen Anziehungskraft zur menschlichen romantischen Liebe stattfand, kann sicher nicht in Jahreszahlen angegeben werden. Anthropologen machen dies von der Hirnentwicklung abhängig und schätzen daher, dass dieser Prozess vor ungefähr zwei Millionen Jahren angefangen haben muss. Bereits vor 250 000 Jahren hatte der Homo sapiens ein ähnlich großes Hirn wie der heutige Mensch, und vor 35 000 Jahren nahm das Hirn seine heutige Form an. Die Intelligenz aller Tiere zusammen genommen reicht übrigens nicht an die intellektuellen Fähigkeiten eines einzelnen siebenjährigen Menschenkindes heran.

Das menschliche Gehirn

Obwohl das menschliche Gehirn das Spitzenprodukt der bisherigen Evolutionsgeschichte ist und zurzeit weltweit an der weiteren Erforschung gearbeitet wird, hat der Mensch zu seinem eigenen Gehirn ein gespaltenes Verhältnis. Woody Allen soll einmal gesagt haben: „Das Hirn ist mein zweitliebstes Organ!"

Das Gehirn des Menschen macht im Durchschnitt nur zwei Prozent des Körpergewichts aus, aber es verbraucht 25 Prozent unserer Stoffwechselenergie und 40 Prozent des Blutzuckers. Ein Gehirn zu betreiben ist also eine energieaufwendige Angelegenheit. Meistens nutzen die Menschen die Potentiale ihres Gehirns nur zu einem geringen Teil; je früher das Gehirn mit Informationen gefordert und gefördert wird und je intensiver das Training danach ist, desto besser funktioniert es. Das Gehirn braucht also die permanente Herausforderung. Ein Drittel aller Gene des Menschen sind allein für das Gehirn zuständig. Und ein Kleinkind verbraucht während der ersten Lebensjahre die Hälfte seiner gesamten Energie für das Wachstum seines Gehirns. Schon kleinste Fehler in der Hirnentwicklung können verheerende Folgen haben.

Die evolutionäre Entwicklung des menschlichen Gehirns hatte vielerlei Auswirkungen auf die Partnerwahl. Das wachsende Volumen des menschlichen Gehirns stellte sich in der Evolution als zunehmendes Problem heraus, weil der Kopfumfang immer größer wurde und nicht mehr durch den Geburtskanal passte. Das Problem begann, als das Hirnvolumen eines erwachsenen Menschen bei 800 Kubikzentimetern lag. Die Australopithecinen hatten beispielsweise nur ein Hirnvolumen von etwa 420 Kubikzentimetern, was nur geringfügig mehr ist als bei einem durchschnittlichen Schimpansen. Das durchschnittliche Volumen eines menschlichen Hirns liegt heute bei 1325 Kubikzentimetern. Die Folge des größeren Kopfumfanges war, dass die Kinder immer früher geboren werden mussten. Diese zu früh geborenen, noch nicht ausgereiften, hilflosen, unterentwickelten Kinder („physiologische Nesthocker") benötigten die volle Aufmerksamkeit und Pflege der Mutter. Schimpansen sind dagegen bereits mit vier Jahren in der Lage, sich ihre Nahrung selbst zu besorgen und damit ihr Überleben eigenständig sicherzustellen. Die Größe des Kopfumfangs aufgrund der immensen Entwicklung des Hirnvolumens bedingte eine immer frühere Geburt der Kinder und dies wiederum machte es für die Frauen notwendig, sich Partner zu suchen, die das eigene Überleben und das ihrer Nachkommen für einige Zeit sicherstellten. Elternschaft erforderte längere Partnerschaft und diese erforderte eine gezielte Partnerwahl! So band die Sorge das unreife Kind an die Mutter und die Mutter wiederum an den Partner. Je besser der Mann nicht nur als Partner, sondern auch als Vater war, desto größer war die Liebe zwischen den Eltern, desto besser das Gedeihen der Kinder ... Auf diese Weise begann das Spiel der modernen Familie.

Die Chemie der Liebe

Verlieben war und ist im Tierreich immer noch eine sehr sinnliche Angelegenheit: Augen, Ohren, Haut und Hände und vor allem der Geruch sind daran beteiligt. Man unterstellt auch Männern, dass sie vornehmlich visuell orientiert sind, bei der Partnerwahl nur an der äußerlichen Attraktivität der Frau interessiert sind und sich anhand von erotischem oder pornografischem Bildmaterial sexuell erregen können. Aber auch weibliche Wesen können sich aufgrund von Bildern verlieben, und dies betrifft nicht nur sensible Frauen des europäischen Hochadels in der Romantik. Auch weibliche Schafe können sich in das Bild eines Bocks „verlieben". In einem Experiment hat man gemessen, dass der Spiegel von Noradrenalin und Dopamin bei weiblichen Schafen steigt, wenn man ihnen Dias von Porträts männlicher Schafe vorführt (Fisher 2005, 65).

Die Chemie der Liebe ist eine endlose Geschichte von Hormonen und ihren Wirkungen. An allererster Stelle steht das Testosteron, aber auch Noradrenalin, Serotonin, Oxytozin oder Vasopressin zeigen Wirkung auf das Liebesleben bzw. werden währenddessen freigesetzt. Bei männlichen Ratten regt die Injektion von Dopamin das Kopulationsverhalten an. Beim Menschen wurden und werden die verschiedensten Substanzen eingesetzt, um die Liebe und das Begehren zu fördern. Im Zeitalter von Viagra erscheint es schier abergläubisch, dass Menschen sich sogar von Tomaten sexuell stimuliert fühlten und sie als roten Liebesapfel bezeichneten. Aber auch Gänsezungen, Venusmuscheln, Dörrpflaumen, Chutney, Granatäpfel, Knoblauch, Spargel, Hyänenaugen, Kaviar, Feigen oder Taubenhirne dienten dem Menschen schon als Aphrodisiakum.

Der unangefochtene Renner unter allen chemischen Substanzen zur Liebeserzeugung ist bei beiden Geschlechtern immer noch das Testosteron. Testosteron scheint bei Männern zudem besondere Wirkungen zu hinterlassen. So sollen Männer mit einem hohen Testosteron-Spiegel seltener heiraten, mehr Liebesaffären haben, eher zu Gewalt neigen und sich häufiger scheiden lassen. Wenn sie ihr Kind auf dem Arm halten, soll ihr Testosteron-Spiegel bereits sinken, insbesondere aber, wenn sie bei der Geburt ihres Kindes dabei sind.

Die „Anmachtheorie" der Sprachevolution

Wahrscheinlich hat die menschliche Sprache durch ihre Bedeutung für die Partnerwerbung und Partnerwahl im Verlauf der Jahrtausende einen ungeheuren Entwicklungsschub erhalten, so jedenfalls lautet ein Denkansatz, den man heute als „Anmachtheorie der Sprachevolution" (Miller 2001) bezeichnet. Was die Entwicklung des Gehirns für den menschlichen Geist bedeutete, das war die Sprache für die Partnerwahl und die Paarbeziehung. Das Volumen des Gehirns und seine immer größere Differenzierungen war die neurologische Grundlage des menschlichen Denkens, und der menschliche Geist verfeinerte das Gehirn in seinen Funktionen. Die menschliche Sprache hat die geistige Entwicklung differenzierter und komplizierter gemacht und damit die Partnerwahl vereinfacht und zugleich komplexer gemacht.

Die Entstehung der Sprache hat nicht nur einen großen Anteil an der Menschwerdung des Affen, sie hatte auch ungeheure Folgen für die Partnerwahl. Denn fortan waren nicht mehr nur die beobachtbaren, äußeren Kennzeichen und Verhaltensweisen mögliche Fitnessindikatoren, sondern auch das gesprochene Wort, die gemeinsame Kommunikation, letztlich die gesamte menschliche Identität mitsamt ihrer erlebten Geschichte, ihrer gefühlten Gegenwart und ihrer erwünschten Zukunft. Schimpansen, die mit nur etwa 20 bis 40 verschiedenen Lauten verbal kommunizieren, erfahren niemals so viel voneinander.

Sprache ist nicht nur ein Weg, sich kennen zu lernen und sich zu verlieben, sondern auch ein Kriterium der Partnerwahl, denn sie ermöglicht zu zeigen, dass man intelligent, nachdenklich, differenziert, mitteilsam, kommunikativ, geistig flexibel und reflektiert ist, also eine interessante Persönlichkeit und mithin attraktiver als die anderen Mitbewerber. Die Sprache des Menschen ist das Federkleid des Pfauen.

Aber die Entstehung der Sprache hat nicht nur alles leichter und differenzierter gemacht, sondern auch anfälliger für Komplikationen, Missverständnisse oder Probleme. Gehen wir mal davon aus, dass junge, verliebte Paare im Durchschnitt pro Tag zwei Stunden miteinander reden – ein Schwindel erregend hoher Wert, den ältere und nicht verliebte Paare niemals mehr erreichen – und dass sie währenddessen pro Sekunde durchschnittlich drei Wörter sprechen, dann haben beide Partner jeweils nach drei Monaten ungefähr eine Million Wörter gesprochen und damit mehr als zwanzig Mal so viel Wörter, wie in diesem Buch stehen. Eine Million Wörter enthalten sicherlich wichtige Informationen und persönlich bedeutsame Mitteilungen, aber auch viele Möglichkeiten sich übertrieben anzupreisen, sich zu blamieren, nicht auf den anderen einzugehen, sich zu widersprechen, den anderen falsch zu verstehen, seine eigene Dummheit zu offenbaren oder ungewollt Streit anzuzetteln.

Manchmal verlieben sich Menschen, während sie sich Geschichten erzählen, sich dem anderen mitteilen oder den Erzählungen des andern Menschen zuhören. Einer meiner Klienten verliebte sich regelmäßig in Frauen, mit denen er eine ganze Nacht lang diskutiert hatte. Es war eine Art geistig-verbaler Klärungsvorgang, zu körperlichen Kontakten kam es erst danach. Gegenseitige Selbstoffenbarung in erzählten Geschichten schafft Intimität und emotionale Nähe. Menschliche Partnerwahl geschieht wesentlich verbal. Gemeinsame Gespräche gehen in der Regel der gemeinsamen Sexualität voraus und selbst bei One-Night-Stands bevorzugen Frauen intelligente Partner. Männern hingegen ist dies bei kurfristigen Kontakten weniger wichtig, sie bevorzugen bei solchen Gelegenheiten sexuell attraktive Partnerinnen. Geht es allerdings um eine feste, dauerhafte Verbindung oder Heirat, bevorzugen beide Geschlechter einen intelligenten Partner.

Der passive Wortschatz eines durchschnittlichen Mitteleuropäers liegt heute bei ca. 60 000 Wörtern, von denen in der Regel aber nur 4000 aktiv im Alltag genutzt werden. 60 Prozent aller Gespräche kommen mit den häufigsten hundert Wörtern aus, manche schaffen es mit noch weniger Wörtern, mit modernen Abkürzungen oder schlichten Substantivmitteilungen. Aber das ist der Alltag; bei Partnerwerbung und Partnerwahl wird entschieden mehr gesprochen als jemals danach. Erst wenn die Paare in Trennungssituationen geraten oder wenn einer von beiden eine Liebesaffäre hat, setzt häufig wieder eine ähnlich intensive, nächtelange Kommunikation ein wie in Zeiten der Verliebtheit.

Das Erlernen der Sprache in den ersten drei Lebensjahren ist eine ungeheure Leistung, die nicht allein als individueller Lernprozess erklärbar ist. Kinder erlernen eine oder gar zwei komplexe Sprachen in einer derartigen Geschwindigkeit, dass man heute davon ausgeht, dass eine entsprechende genetische Ausstattung diesen Spracherwerb erst möglich macht.

Jugendliche müssen die Sprache der Partnerwahl dagegen anscheinend mühsamer und länger erlernen. Insbesondere Jungen haben ein reduziertes Sprachvermögen, erst der Kontakt zu den meist eloquenteren Mädchen zwingt sie dazu, sich jenseits gestammelter Laute gewählt auszudrücken und damit ein erkennbar menschliches Niveau zu erreichen.

Verbale Mitteilungen bleiben auch nach der Partnerwahl weiterhin das Fundament, auf dem sich die Intimität eines Paares herstellt, erweitert und erneuert. Häufig allerdings geht es auch wieder rückwärts. So beschwerte sich eine Klientin bei mir über ihren Mann: „Als wir uns kennen lernten, sprach mein Mann wie ein Wasserfall, war mitteilsam und einfühlsam, und dadurch habe ich mich auch immer innerlich verbunden gefühlt. Aber bald nach der Heirat hörte er irgendwie damit auf, wurde immer einsilbiger und heute redet er kaum noch, ich weiß gar nicht mehr, wie es ihm geht." Manchmal verlagert sich der Redefluss aus dem Privaten ins Berufliche oder gar Öffentliche und nicht wenige Frauen sind der Meinung, dass es bei ihren Männern einen Zusammenhang gibt zwischen der Schweigsamkeit zu Hause und der Redegewandtheit in der Öffentlichkeit. Sieht man das Reden als eine Möglichkeit der Selbstdarstellung mit dem Ziel der Partnerwerbung an, dann ist die Unruhe mancher Frauen verständlich. Aber natürlich darf man Sprache und verbale Kommunikation nicht nur unter quantitativen Aspekten sehen, letztlich ist die Qualität entscheidend, also worüber mit wem gesprochen wird. Intimität entsteht dadurch, dass Menschen über sich selbst sprechen, über ihre Wünsche, Hoffnungen, Bedürfnisse, Ängste, Ziele und Zweifel. Über andere, die Welt oder die Aktienkurse zu sprechen, das ist kein Intimität stiftender Akt.

Am Anfang einer Beziehung hat die verbale Kommunikation immer auch einen Unterhaltungswert für den Partner. Wir wissen aus Umfragen, dass Frauen humorvolle, gewitzte Männer mögen und sich auch gern von ihnen umwerben lassen. Wenn wir unterstellen, dass die unterhaltsame Kommunikation auch der Partnerwerbung dient, wird verständlich, dass langjährige Paare vorzugsweise zusammen fernsehen. Sie unterhalten sich nicht mehr gegenseitig, sondern lassen sich unterhalten. Paare, die bereits mehrere Jahre zusammen sind, haben erstaunlicherweise auch einen ähnlich großen Wortschatz. Möglicherweise ist die Größe des Wortschatzes also ein Kriterium für die Partnerwahl und sogar die partnerschaftliche Zufriedenheit in langjährigen Beziehungen. Wahrscheinlicher aber ist, dass beide sich aufeinander eingependelt haben.

Manchmal scheint selbst in modernen Zeiten die alte Dichtkunst wieder aufzublühen. Mit dem Aufkommen von Telefon und Internet bestand die Gefahr, dass persönliche Mitteilungen nicht mehr den Tiefgang und die Poesie der Briefe erreichen würden. Heute scheinen auch E-Mails geschrieben zu werden, die an die Qualität des guten, alten Liebesbriefs herankommen. Neulich äußerte ein Ehemann in der Therapie den Wunsch, noch mal in die Zeit zurückkehren zu können, in der er und seine Frau sich täglich romantische E-Mails geschrieben haben, denn das sei viel einfacher gewesen, als täglich alles auszusprechen.

Frauen sprechen mehr als Männer, lesen mehr Bücher – aber geschrieben werden die meisten Bücher von Männern. Diese nutzen die Sprache, um sich verbal zu produzieren; manchmal reden sie auch nur, um Konkurrenten oder Frauen zum Schweigen zu bringen. Letztlich ist nicht entscheidend, wie viel und wie lange Partner miteinander reden, sondern worüber sie sprechen, genauer: wie persönlich sie in ihrer Kommunikation werden. In Paartherapien geht es für mich häufig nicht nur darum, Paare wieder miteinander ins Gespräch zu bringen, sondern sie dazu zu motivieren, persönliche Gespräche – Zwiegespräche – zu führen. Verführung ist nicht immer nur der tiefe Blick in die Augen, sondern vielmehr das gemeinsame persönliche Gespräch. Ein besonders eindringliches Beispiel für die Kunst der verbalen Verführung ist in den Märchen aus tausendundeiner Nacht enthalten, es ist die Geschichte von Scheherazade.

Die Kunst der verbalen Verführung

Schahriyar, einst mächtiger König der Sassaniden, war von seiner Frau mit einem Sklaven betrogen worden. Er geriet in große Wut und ließ beide sofort töten. Für die Zukunft schwor er sich, nur noch mit Jungfrauen zu schlafen und sie am anderen Morgen töten zu lassen. Auf diese Weise wollte er sichergehen, dass weder ein Mann vor ihm noch ein Mann nach ihm mit dieser Frau schlafen konnte. Nach drei Jahren gab es in seinem Reich kaum noch Jungfrauen und er bekam keine Nachkommen. Scheherazade und Dunyazad, beiden Töchter des Wesirs, beschlossen, die restlichen Jungfrauen des Reiches zu retten. Scheherazade bot sich dem König als nächste Frau an. Nachdem Schahriyar sie entjungfert hatte, erbat sie sich von ihm, sich von ihrer Schwester Dunyazad verabschieden zu dürfen. Dunyazad wünschte sich von ihrer Schwester in der letzten Nacht eine lange Geschichte, wie sie die Schwestern einander immer erzählt hatten. Der König Schahriyar litt unter Schlaflosigkeit und beschloss, der Erzählung zuzuhören. Scheherazade erzählte eine grandiose, komplizierte und vielschichtige Geschichte mit vielen Details, die ungeheuer spannend war und am nächsten Morgen bei Tagesanbruch längst nicht zu Ende war. Schahriyar war so gespannt auf die Fortsetzung der Geschichte, dass er Scheherazade nicht töten wollte, bevor die Geschichte beendet sei. Dies ging dank der unendlichen Fantasie von Scheherazade tausendundeine Nacht so weiter. In dieser Zeit hatte sie dem König drei Söhne geschenkt. Nach tausendundeiner Nacht und drei Söhnen bat sie ihn um Gnade. Der König ließ ihr das Leben, und mehr noch: Er erklärte Scheherazade, die ihm so wunderbare Geschichten erzählt und ihm drei Söhne geschenkt hatte, seine Liebe.

Hier hat die Fantasie die Wirklichkeit besiegt, die Geschichte hat ein gutes Ende genommen. Im Alltag aber steht ein Übermaß an Fantasie einer gelingenden Liebesbeziehung eher entgegen. Wenn Männer und Frauen miteinander reden, sich einander mitteilen, woher wissen sie dann, dass sie sich nicht täuschen? Erzählen kann man viel, aber es muss nicht nur intellektuell widerspruchsfrei sein, sondern auch emotional stimmig. Gibt es emotionale Kommunikation? Es scheint notwendig zu sein, herauszufinden, was im Kopf und im Herzen, in den Gedanken und Gefühlen eines potentiellen Partners vor sich geht. Wir müssen verstehen können, wie wir uns verlieben.

Wie wir uns verlieben

Die Suche nach Resonanz und Spiegelung

Bei der Wahl eines Partners erscheint es notwendig und dringlich zu wissen – oder besser noch: zu fühlen –, was in dem anderen vor sich geht. Menschen versuchen am Anfang einer Verliebtheit, die eigenen Gefühle der Verwirrung zu verstehen: Warum bin ich so durcheinander, muss nur noch an ihn denken, bin ich wirklich verliebt, was passiert mit mir, will ich das überhaupt, oder sollte ich mich am besten schnell aus der Beziehung zurückziehen, bevor es noch schlimmer wird? All diese Fragen sind meist eindeutige Hinweise auf eine Verliebtheit, die ebenso schön wie verwirrend und manchmal auch beängstigend ist. Man sucht im anderen die Sicherheit, die Eindeutigkeit oder die Klarheit der Gefühle, weil man sie selbst verloren hat. Aber wie sollen zwei Menschen, die sich beide ineinander verloren haben, im anderen Gewissheit finden? Aus dieser Verwirrung entstehen bohrende Fragen an den anderen: Treibst du nur ein Spiel mit mir, meinst du es ernst, bis du dir deiner Gefühle für mich auch wirklich sicher? Und wenn du das alles mit einem eindeutigen Ja beantwortet hast, dann kann ich dir sagen, wie es mir geht. Aber du musst anfangen!

Hier findet die verbale Kommunikation ihre Grenzen, denn Worte können keine letzte Sicherheit schaffen, wenn es um Gefühle geht. Seit einigen Jahren wissen wir, dass uns die Evolution auch mit Möglichkeiten ausgestattet hat, Gefühle zu erfühlen, uns in andere Personen, denen wir emotional sehr nahe sind, einzufühlen. Wir haben diese Möglichkeiten instinktiv genutzt, aber bisher nie wissenschaftlich erklären können, wie so etwas funktioniert. Das Geheimnis sind die Spiegelneurone. Sie machen es möglich, dass wir uns in andere Personen hineinversetzen können, mitfühlen können, Empathie empfinden können, vielleicht sogar Intuitionen haben können.

Die Liebe wird aus einem Blick geboren
und reift in einem Lächeln.
(Brasilianisches Sprichwort)

Am Anfang der Verliebtheit gibt es besondere Blicke, manchmal nur für Momente, manchmal tiefere und längere, aus denen man etwas benommen wieder auftaucht. Man meint, sich für kurze Zeit im anderen verloren zu haben. Später, viel später, wenn die Verliebtheit gewiss geworden ist, man sich seiner Liebe sicher ist, dann können beide diese Blicke aushalten, in ihnen baden, sie ausdehnen zur gefühlten Ewigkeit. Und wenn sie sich dabei ertappen, wie sehr sie sich lieben, wie sehr sie die langen Blicke genießen, dann entsteht ein Lächeln, das dem anderen signalisiert: Ich liebe dich!

Die gegenseitigen Blicke der Verliebtheit sind Hinweise darauf, dass zwei Menschen einander ihre volle Aufmerksamkeit schenken; dies wird in der Neurobiologie „joint attention" genannt. Diese Aufmerksamkeit richtet sich nach innen – in die geliebte Person und in die eigene Seele hinein. Deshalb erscheinen die meisten verliebten Paare auch so der Wirklichkeit entrückt, weil sie ihren Aufmerksamkeitsfokus auf sich selbst und ihre Innerlichkeit gerichtet haben.

Die gefühlsmäßige, intuitive Reaktion auf den anderen verdanken wir einem emotionalen Mitschwingen, dem

Phänomen der Resonanz. Sie ist Ergebnis eines inneren Simulationsprozesses. Wenn wir jemanden sehen, der gähnt, dann haben wir automatisch den Impuls, auch zu gähnen, obwohl wir vielleicht gar nicht müde sind. Einem solchen Gähnzwang unterliegen übrigens auch Schimpansen und dies sogar, wenn sie Menschen gähnen sehen. Wenn wir einem anderen Menschen gegenübersitzen, dem unsere volle Aufmerksamkeit gehört, dann schlagen wir nach einer Weile auch unsere Beine übereinander, wenn er oder sie es eben getan hat. Oder wir fahren uns durchs Haar, stützen unseren Kopf in die Hände oder legen den Kopf schräg, wenn der andere es getan hat. Dies sind unwillkürliche, nicht bewusste Reaktionen, Resonanzphänomene des Alltags, die ein untrügliches Zeichen für die Arbeit unserer Spiegelneuronen sind.

Spiegelneurone sind Nervenzellen, die im Körper für bestimmte Programme zuständig sind, die aber auch dann aktiv werden, wenn wir ein bestimmtes Verhalten beobachten, miterleben oder sogar nur erzählt bekommen. Unsere Spiegelneurone werden selbst dann aktiv, wenn wir uns eine Handlung nur vorstellen. Wenn wir beispielsweise erzählt bekommen, wie eine uns nahe stehende Person Schmerzen erleiden musste, dann verziehen wir unwillkürlich das Gesicht, weil wir den Schmerz innerlich selbst nachvollziehen. Durch die Erzählung beginnt ein inneres Simulationsprogramm als Folge eines emotionalen Mitschwingens, der Resonanz, das uns erfühlen lässt, wie es dem anderen gerade geht. Solch eine Spiegelung ereignet sich spontan, unwillkürlich und ohne nachzudenken, sie kann schon durch Reize ausgelöst werden, die nur Sekundenbruchteile dauern und gar nicht bewusst wahrgenommen werden.

Solche „subliminalen Stimulationen" sind durch wissenschaftliche Untersuchungen belegt. So hat man weiblichen Versuchspersonen einen leichten Schmerz an der Hand zugefügt und diesen Schmerz anhand der Aktivität ihres Schmerzzentrums im Gehirn gemessen. Anschließend hat man denselben Versuchspersonen Videos gezeigt, auf denen zu sehen war, wie ihren Partnern derselbe Schmerz zugefügt wurde: Auch hier haben die eigenen Schmerzzentren gefunkt! Das heißt, dass die Frauen den Schmerz ihrer Partner mit Hilfe ihrer Spiegelneuronen innerlich simuliert haben. Durch solche Resonanzen auf der Basis der Aktivität unserer Spiegelneuronen entwickeln wir die Fähigkeit, intuitiv eine Sicherheit darüber zu bekommen, was der Partner empfindet oder fühlt. Diese Fähigkeit zur intuitiven emotionalen Kommunikation wird in der Neurobiologie „Theorie des Geistes" (Theory of Mind, Bauer 2006, 16) genannt.

Solche Resonanzprozesse, bei denen eine Person durch einen inneren Simulationsprozess das erfühlt, was eine andere spürt, können natürlich aktiv verlaufen. Man kann andere mit den eigenen Gefühlen anstecken. Dieses Phänomen wird emotionale Ansteckung („emotional contagion") genannt. Das bekannteste Alltagsphänomen dieser Art ist ein schlichtes Lächeln, das meist durch ein Lächeln oder Schmunzeln erwidert wird. Dies geschieht meist ganz automatisch und man muss sich schon intensiv vornehmen, nicht zurückzulächeln, um die spontane Reaktion zu verhindern. Kann man auf diese Weise eine andere Person auch dazu bringen, sich zu verlieben? Vielleicht nicht gleich ein Verlieben, aber Sympathie lässt sich so sicherlich wecken. Menschen mit der Fähigkeit zur intuitiven, empathischen Kommunikation bekommen durchgängig höhere Sympathiewerte, solche Fähigkeiten sind also Türöffner für persönliche Beziehungen.

Wir haben solche intuitiven Reaktionsweisen perfektioniert. Beispielsweise im Straßenverkehr: Beim Autofahren kalkulieren wir die Reaktionen der anderen mit ein, wir merken bei 130 km/h auf der Autobahn an der Fahrweise des Vorderfahrers, dass er bald ausscheren wird. Und wir erkennen an kleinsten Bewegungsabläufen beim Fußball, Eishockey oder auch Tennis, was der andere machen wird, und stellen uns in Sekundenbruchteilen darauf ein – erfahrene Trainer nennen dies: das Spiel des Gegners „lesen". Wenn man über diese Fähigkeit verfügt, hat man im Spiel wie im Alltag immer einen Vorteil. Das gleiche Phänomen findet sich im Alltag der Paare. Am Tonfall des anderen erkennt man seine Stimmung, am Blick seine Gedanken, an den Gedanken seine Hintergedanken, am Augenaufschlag seinen stillen Protest, an den Lippen seine Lust, an den Handlungen seine Wut, an den Augenlidern seine Angst. Angst ist dabei ein besonderer Zustand, der sich auf die Funktionsfähigkeit unserer Spiegelneurone negativ auswirkt. Unter Angst, Anspannung und Stress verschlechtert sich die Fähigkeit zum Mitfühlen und zur Intuition automatisch, unsere Spiegelneurone streiken.

Dies ist auch eine Alltagserfahrung aller Paare: Unter Stress, Androhungen oder Angst lassen sich keine Konflikte lösen und erst recht keine Kompromisse finden, weil der Partner emotional weit entfernt erscheint. Stress und Angst verhindern nicht nur das Lernen in der Schule, im Kindergarten oder am Arbeitsplatz, sondern auch jedes Mitfühlen und Konfliktlösen in der Partnerschaft, weil beide Seiten in eine Schutz- und Verteidigungshaltung gehen und gleichzeitig die Aufmerksamkeit für den anderen reduzieren. Dies betrifft allerdings nur den von Menschen selbst verursachten Stress („man-made-stress"), nicht Naturkatastrophen, Unfälle oder technisches Versagen. Das Mitfühlen ist immer auf die Menschen ausgerichtet, unsere Spiegelneuronen simulieren nur menschliche Ereignisse. Man braucht also immer einen Partner. Inwieweit Singles ihre intuitiven Kommunikationsfähigkeiten verlieren, wird davon abhängen, inwieweit sie ihre Spiegelneurone in anderen Beziehungen nutzen.

Das Chamäleon-Phänomen

Die intuitive Kommunikation zwischen Partnern entsteht zunächst auf der Basis des so genannten Chamäleon-Phänomens: Beide beziehen sich aufeinander, stimmen sich aufeinander ein, schwingen mit, sie stellen gegenseitig Resonanz her. Wie weit solches Mitschwingen und Mitfühlen wirklich dem anderen nahekommt, seiner Innerlichkeit entspricht, ist nicht nur eine Frage der Übung oder des bloßen Willens. Die Fähigkeit der Spiegelneuronen zur inneren Simulation komplexer Situationen bei anderen wird in der frühen Kindheit entwickelt und sie ähnelt sehr dem kommunikativen Tanz, dem blinden Sichverstehen, wie es zwischen Mutter und Kind der Fall ist.

Wenn Mütter die Fähigkeit haben, die Welt mit den Augen des Kindes zu sehen, die Bedürfnisse des Kindes zu lesen und sie prompt zu befriedigen, dann entsteht bei dem Kind eine sichere innere Bindung, dann fühlt das Kind sich nicht nur geliebt, sondern auch angenommen, auf dieser Welt erwünscht und in seinen Lebensäußerungen verstanden. Voraussetzung ist allerdings, dass die Signale des Kindes von den Eltern verstanden werden: die gurgelnden Laute des Kindes, sein Schreien, sein Weinen, sein lauter Protest, seine Bitte um Körperkontakt. Die Aktivität der kindlichen Spiegelneurone kann schon sehr früh erkannt und gefördert werden. Wenn Mütter oder Väter beim Füttern des Kindes intuitiv den Mund aufmachen, während sie den Löffel mit dem Bananenbrei in den Mund des Kindes schieben wollen, dann reagiert das Kind ebenfalls mit Öffnen des Mundes. Das Kind ahmt den Erwachsenen nach, indem es den Mund öffnet. Damit schwingen beide sich aufeinander ein, so entsteht früh Resonanz, so werden die Spiegelneurone aktiviert und weiter differenziert. Und so entsteht die Basis für emotionale Nähe, Empathie und Intuition. Wer dies als Kind nicht erlernt hat, dem fehlen in seinen späteren Beziehungen, insbesondere in seinen Liebesbeziehungen, wesentliche emotionale Fähigkeiten. Manchmal ergibt sich daraus ein besonderes Motiv der Partnerwahl (siehe Kapitel 9), indem ein Mensch, dem solche Fähigkeiten fehlen, nach einem Partner sucht, der sie im Überfluss zu haben scheint. Grundsätzlich haben solche Menschen schlechtere Startbedingungen, aber das bedeutet nicht, dass es sich gar nicht mehr für sie lohnt, sich auf eine Beziehung einzulassen. Alle späteren Liebesbeziehungen enthalten die Möglichkeit zur Korrektur vorheriger. Fehlendes kann ersetzt werden, schlechte Erfahrungen können verarbeitet, Störendes kann verlernt und beschädigte Liebe geheilt werden.

Bei Verliebten entwickelt sich häufig der gleiche Prozess wie zwischen Eltern und Kind. Zwei suchende, bedürftige Menschen begegnen sich in der Hoffnung, verstanden und in ihren Gefühlen gespiegelt zu werden, auch jenseits der Worte angenommen zu sein.

Begrenztes Verstehen

Mit Hilfe der Spiegelneuronen, einem inneren Simulationsprozess, der als Resonanz bezeichnet wird, machen wir uns ein inneres Bild vom geliebten Partner, das immer weiter ergänzt, differenziert und wieder verändert wird. Letztlich bleibt es natürlich immer nur unser Bild, nicht seins oder ihres. Wir können dem anderen immer nur so nahe kommen, wie es unsere eigene Gefühlswelt zulässt. Manche Partner wünschen sich, der andere möge das gleiche Bild haben, wie sie es von sich selber haben. Wer sich das wirklich wünscht, sollte den Gedanken einmal zu Ende denken: Wollen Sie wirklich, dass Ihr Partner das gleiche Bild von Ihnen hat, wie Sie es von sich haben? Ihr Bild enthält nicht nur die schönen und verstehenden Seiten, sondern auch die Selbsttäuschungen und die Selbstzweifel. Aber manchmal sieht der Partner in uns auch unsere Potentiale, unsere Möglichkeiten und Fähigkeiten, die wir selbst gar nicht sehen. Beim Verlieben sieht er uns als ideale Person, wie wir uns selbst niemals sehen könnten. In diesen Unterschieden, die immer dann schmerzlich erlebt werden, wenn wir uns missverstanden fühlen, liegen all die ungeheuren gegenseitigen Herausforderungen und Entwicklungsmöglichkeiten intimer Beziehungen. Lassen wir es dabei, beschweren wir uns nicht über zu wenig Verständnis, die begrenzte Fähigkeit der Spiegelneurone zur inneren Abbildung eines anderen, geliebten Menschen hat auch seine Vorteile!

Das Bild des Partners in uns hat die Tendenz zur Verfestigung. Irgendwann meinen wir, den anderen so gut zu kennen, wie er sich selber nicht einmal kennt. Darin liegt eine große Gefahr. Der Psychoanalytiker und Paartherapeut Michael Lukas Moeller hat dies einmal so formuliert: „Ich weiß dich nicht!" Wenn wir ein festes und unveränderliches Bild vom anderen in uns haben, das sich aus hunderten und tausenden von Aktivitäten unserer Spiegelneurone zusammensetzt, dann gestehen wir dem anderen keine Möglichkeiten zur Weiterentwicklung mehr zu. Dies ist vor allem die Gefahr bei langjährigen Partnerschaften und wir müssen uns stets gegenseitig daran erinnern, dass wir uns ändern können und wollen. Unsere Spiegelneurone spielen uns aber auch gern einen Streich, der diese Flexibilität eines Bildes vom anderen verhindert. Die Spiegelneurone beginnen auch dann schon zu funken, wenn sie nur Teile eines Geschehens erkennen. Dies ist experimentell nachgewiesen und bedeutet, dass bereits eine Handlungssequenz, ein angefangener Satz, eine typische Verhaltensweise ausreicht, um uns das Gefühl zu geben, wir wüssten schon alles, was jetzt noch kommt. „Wenn du so guckst, dann weiß ich schon, was du jetzt sagen willst! – Wenn du dich so verhältst, dann weiß ich, wie es dir geht! – Nachdem du das gemacht hattest, wusste ich, wie es weitergehen würde!" Wenn Ihnen solche Gedanken und Sätze bekannt vorkommen, haben Sie ab heute eine neuronale Entschuldigung: Sie können auf die besonders eingespielte und perfektionierte Aktivität Ihrer Spiegelneurone verweisen. Bevor Sie das tun, möchte ich Ihnen noch einen Hinweis geben: Wir haben oberhalb der Spiegelneurone noch steuernde Nervenzellen unseres Großhirns, die darüber entscheiden können, ob eine innerlich simulierte Handlung auch wirklich ausgeführt wird. Die Spiegelneurone haben nicht das letzte Wort, weder im Kopf noch im Herzen! Spiegelneurone können sich täuschen, und daher empfehle ich zur Abklärung der eigenen emotionalen Resonanzen weiterhin das offene Gespräch. Emotionale Kommunikation kann die verbale nicht ersetzen, beide sollten sich ergänzen.

Neue und alte Liebe

Wahrscheinlich muss man davon ausgehen, dass die große, wahre Liebe des Lebens auch entsprechend neuronal funkt. Häufig berichten frisch Verliebte, dass sie ein Gefühl haben, als ob sie sich schon jahrelang kennen, obwohl sie sich vor drei Wochen zum ersten Mal getroffen haben. Vielleicht ist es so, dass bestimmte, zu einem früheren Zeitpunkt abgespeicherte Sequenzen ebenso wieder aktiviert werden können, so dass eine neue Liebe an eine alte anknüpfen kann. Unsere gesamten Lebenserfahrungen sind in unserem Gehirn abgespeichert und wie detailgenau dies alles geschieht, merken viele Menschen erst am Ende ihres Lebens, wenn sie sich mit Hilfe ihres Langzeitgedächtnisses an viele Erlebnisse erinnern, die manchmal Jahrzehnte zurückliegen und nur wenige Minuten dauerten. Wir tragen diese Bilder in uns, haben sie immer dabei, aber nicht immer im Bewusstsein. Vielleicht ist es so wie bei den modernen Computern, die einen Arbeitsspeicher mit den aktuell genutzten Dateien und Informationen haben und eine Festplatte mit unvergleichlich größerer Speicherkapazität, auf der alles enthalten ist, was auf dem Computer jemals gespeichert wurde. Im bewussten täglichen Leben arbeiten wir nur mit dem, was auf dem Arbeitsspeicher enthalten ist, aber dahinter, darunter, sozusagen im Unbewussten der Festplatte, sind Informationen enthalten, die erst dann wieder aktiv werden, wenn aktuelle Ereignisse daran erinnern.

Das Ende der Spiegelung und Resonanz

Liebende spiegeln einander und schwingen mit dem Partner mit. Solange die gegenseitige Spiegelung und Resonanz anhält, wissen wir, dass wir uns noch lieben. Bei Paaren, die sich trennen, lässt die gegenseitige Aufmerksamkeit nach, die „joint attention" geht langsam verloren. Damit schwindet der emotionale Kontakt zwischen den Partnern, die emotionale Nähe lässt nach. Auch dies ist äußerlich beobachtbar: Man weicht dem Blick des anderen aus, die körperliche Distanz vergrößert sich und man versteht sich im wahrsten Sinne des Wortes nicht mehr. Der andere erscheint als fremd und nicht mehr vertraut, man kann sich nicht mehr riechen, geht sich aus dem Weg. Lassen die Spiegelneurone in ihrer Aktivität nach, weil sie den anderen nicht mehr spiegeln können oder wollen? Auch hier muss man davon ausgehen, dass die Entscheidungen an höherer Stelle getroffen werden. Die Erforschung der Spiegelneurone hat dazu beigetragen, dass wir die neuronalen Grundlagen von Mitgefühl, Empathie und Intuition besser verstehen können. Aber Spiegelneurone können auch täuschen, indem sie die Handlungen des Partners als lieblos inter-

pretieren oder aus unerklärlichen Gründen die eigenen Liebesgefühle einstellen. Dann kann Paartherapie helfen, diese
Fragen zu klären. Und natürlich bedienen sich die Paar-
therapeuten auch ihrer Spiegelneuronen, um ihre Klienten
emotional besser zu verstehen, sie haben ihre inneren Si-
mulationen, fühlen und schwingen mit. Das sind dann die
berühmten Gegenübertragungen, von denen bereits Freud
sprach, der noch gar nichts von der Existenz der Spiegelneuronen wusste, aber anscheinend ihre Wirkung kannte.
War das wissenschaftliche Intuition?

Wir wissen von menschlichen Liebesbeziehungen, dass
sie von alleine sterben, wenn sie nicht gepflegt werden. Das
Gleiche gilt für die Arbeit der Spiegelneurone: Benutze sie
oder verliere sie („use it or lose it"). Spiegelfähigkeiten müssen früh aufgebaut, entwickelt und unterstützt werden, sollten möglichst viel eingesetzt und trainiert werden (nicht
nur im Straßenverkehr oder beim Sport) und können dann
zur intuitiven Kommunikation verfeinert werden.

Manchmal hat die autonome Tätigkeit der Spiegelneuronen auch ganz unerwünschte Effekte. So überträgt sich
der Ärger des Partners auf unser Befinden, seine schlechte
Laune verdirbt uns den Tag oder seine üble Stimmung
verdirbt unsere Fröhlichkeit. Wenn wir es merken, ist es
manchmal schon zu spät. Bevor Sie allerdings bei schlechten Stimmungen zunächst Ihre Spiegelneuronen und anschließend Ihren Partner dafür verantwortlich machen, sollten Sie zunächst besonnen prüfen, wie Ihre eigene Stimmung ist.

Verliebtheit ist nicht nur ein mentaler, sondern auch
ein neuronaler Ausnahmezustand, denn unsere Spiegelneuronen funken permanent und daher können wir uns
vor Gefühlen kaum retten. Empathie setzt voraus, dass wir
die Andersartigkeit der Gefühle des Partners zulassen können – und das ist nicht immer angenehm. Wem es selbst
gut geht, wird Schwierigkeiten haben, sich auf Wut oder

Traurigkeit einzustellen, die schlechte Laune des anderen wahrzunehmen, sich in seine Neidgefühle hineinzufühlen, seine Ängste oder sein Selbstmitleid zu ertragen. Wir nehmen dadurch nicht nur etwas beim anderen wahr, sondern machen es durch die neuronale Spiegelung zu einem Teil unserer eigenen Erfahrung, letztlich auch: unserer eigenen Identität. Darin liegt eine große Gefahr und eine Möglichkeit der Bereicherung – so ist das eben mit Liebesbeziehungen.

Bisweilen kann sich in einer Paarbeziehung eine Schieflage ergeben, weil einer von beiden sich dauernd auf den anderen einstellt, es aber so gut wie nie umgekehrt der Fall ist. So beschwerte sich eine Klientin: „Ich versuche dauernd, es ihm recht zu machen, seine Stimmungen zu erkennen und ihm die Wünsche von den Lippen abzulesen, aber es kommt nie etwas zurück. Wenn ich ihm dann sage, was ich möchte, dann macht er das, aber dann ist der ganze Zauber weg. Ich will, dass er von alleine darauf kommt." Einfühlsame Frauen haben es schwer mit ihren Männern, deren Spiegelneuronen wenig ausgebildet wurden und die daher kaum über empathische Fähigkeiten verfügen. Aber vielleicht haben sich solche Männer auch eben diese Frauen ausgesucht, um von ihnen diese Fähigkeiten zu erlernen. Das kann dann vielleicht sogar der Grund sein, diese Beziehung die große Liebe des Lebens zu nennen.

Die große Liebe des Lebens

Die Suche nach Vertrautheit und Sicherheit

Die Suche nach dem richtigen Partner hat letztlich nur ein Ziel: die große, wahre und einzige Liebe des Lebens zu finden. Dafür werden auch gern Leiden, Frustrationen, Warten und Umwege in Kauf genommen. Und wenn man diese Liebe gefunden hat, gilt es, möglichst nie mehr an ihr zu zweifeln, sie festzuhalten und ein Leben lang bei ihr zu bleiben. So weit der Traum der Liebessuchenden und der Glaube der Verliebten. Aber wie ist es wirklich?

Die erste Frage ist: Woran erkennt man die einzige, wahre, große Liebe des Lebens? Diese Frage bewegt viele Menschen, nicht nur die Liebenden, sondern auch diejenigen, die – mehr oder weniger zufrieden – in Liebesbeziehungen leben. Sie fragen sich in Momenten des Zweifels immer wieder, ob sie den richtigen Partner gefunden haben oder ob sie nicht lieber die Beziehung beenden und neu auf die Suche gehen sollten. Das Internet suggeriert die dauernde Verfügbarkeit aller möglichen Partner weltweit und wiegt die Menschen in der trügerischen Vorstellung, sie könnten jederzeit eine bessere Partnerschaft finden. Und manchmal sind Menschen sogar wirklich beunruhigt darüber, dass sie an einem bestimmten Ort sind, während gerade in dem Moment die Liebe ihres Lebens an einem anderen sein könnte. Und wenn man diese besondere Person dann wirklich treffen sollte, woran erkennt man sie? Sie trägt keine Leuchtreklame auf der Stirn, der Himmel öffnet sich nicht als göttliches Zeichen und die Geigen und

Gesänge erklingen nicht. Oft ist das erste Treffen sogar recht banal und das Verlieben stellt sich erst viel später ein. Und dann wieder erinnern sich die ehemals Verliebten an die kleinen Zeichen: „Da war dieses Lächeln, dem ich nicht widerstehen konnte; da war der Blick, in den ich mich verloren habe; da waren deine Hände, bei denen ich mir vorstellte, wie sie mich streicheln."

Manchmal aber erinnern sich die Menschen gar nicht mehr daran, wann und wie sie ihren Partner getroffen haben. Insbesondere Männer scheinen für solche Informationen keine zentrale Speicherkapazität zu haben. Woran sich die ehemals Verliebten erinnern, sind weniger die Auffälligkeiten beim anderen als vielmehr die eigenen Gefühle, wie das Kribbeln im Bauch, die weichen Knie, die eigene Unsicherheit, das peinliche Gestammel oder alles zusammen. Sind das die untrüglichen Zeichen für die Begegnung mit der großen Liebe? Wenn diese Zeichen ausbleiben, denken viele, dass es dann nicht die große Liebe sein kann.

Woran kann man die große Liebe erkennen?

Man kann die große Liebe erkennen und dies auch unabhängig von so genannten Flugzeugen im Bauch. Dann sagen wir Sätze wie: „Wir kennen uns zwar erst seit drei Wochen, aber vom Gefühl her ist es wie drei Jahre. Wir sind uns unglaublich vertraut, es ist alles so einfach und leicht." Diese Äußerung einer Klientin war nicht nur Ausdruck ihrer Verliebtheit und insofern nur bedingt ernst zu nehmen. Das Gefühl der Vertrautheit, sich schon viel länger zu kennen, ist durchaus ein Zeichen, auf das man sich verlassen kann. Die große, wahre Liebe des Lebens ist psychologisch gesehen eine Übertragungsliebe. Auf den neuen Partner werden alte Gefühle übertragen, die aus anderen, vorherigen

Liebesbeziehungen stammen. Es verbindet sich also eine neue mit einer alten Liebe. Diese neue Liebe ist deshalb so vertraut, weil sie die Erinnerungen an eine alte, vertraute Liebe wieder wachruft, meist ohne dass die Betroffenen es besonders merken. Die alte Liebe kann eine ehemalige Liebesbeziehung aus dem Erwachsenenleben sein, es kann eine Jugendliebe sein, es können aber auch Erinnerungen an unsere ersten, frühen Beziehungen sein, in denen wir uns geliebt fühlten wie damals in unserer Ursprungsfamilie bei unseren Eltern oder Geschwistern.

Wie kommt diese Übertragung zustande? Der neue geliebte Mensch hat ja meistens überhaupt keinerlei Ähnlichkeit mit den alten geliebten Personen! Die Übertragung ergibt sich nicht aus einer Ähnlichkeit der Personen, sondern aus den eigenen Gefühlen zu diesen Menschen. Es ist so, als ob die alten Ladungen der Spiegelneuronen wieder aktiviert würden. Wir haben uns damals bei einer bestimmten Person vielleicht sicher und geborgen gefühlt, oder wir haben uns bedingungslos geliebt gefühlt, oder so verstanden wie noch nie im Leben zuvor. Es sind diese Gefühle, die wieder hochkommen, die aus alten Beziehungen stammen und die wir mit der neuen Beziehung verbinden. Der Schlüssel zum Verständnis der großen Liebe liegt also nicht in der geliebten Person, sondern in der liebenden, genauer gesagt: in ihren Gefühlen. Diese Gefühle der Vertrautheit sind älter als die aktuelle Verliebtheit und beide gehen miteinander eine Verbindung ein.

Die Angst vor der großen Liebe

Wenn eine solche tiefe Vertrautheit zu einer Person am Beginn einer Liebesbeziehung entsteht, dann verunsichert dies die Liebenden oftmals sehr, weil sie den Überschwang ihrer Gefühle nicht mehr ganz verstehen können oder sogar Angst haben, sich im anderen oder in der Beziehung zu verlieren. Diese Angst wird kurioserweise etwas schwächer, wenn es beiden so geht. Dann hat der heftig verliebte Partner nicht mehr das Gefühl, vielleicht in eine einseitige Abhängigkeit zu geraten, denn dem anderen geht es ja auch so. Doppelte Verunsicherung erbringt anscheinend Sicherheit, so wie in der Mathematik Minus mal Minus Plus ergibt. Das ist dann die große Liebe: wenn beide – und nicht nur einer – im anderen neben aller Verliebtheit auch eine Vertrautheit wiederfindet. Dies hat schon Sigmund Freud angesprochen, als er 1905 darauf hinwies, dass das Finden des Liebesobjektes immer auch eine Wiederfindung früher Beziehungsvorbilder sei (Freud 1905, nach Stiemerling 2002, 107). Wichtig ist: Nicht die Personen werden wiedergefunden, sondern die inneren Bilder und Gefühle zu ihnen.

Was sind die Glück auslösenden Gefühle, die eine so große Liebe begleiten? Man fühlt sich verstanden, grundsätzlich angenommen, als ganze Person wertgeschätzt, in der Beziehung sicher und als Mensch bedingungslos geliebt. Es ist wie ein Urzustand, wie das Grundgefühl eines gewünschten und geliebten Kindes oder das Wahrwerden aller bisherigen Liebessehnsüchte.

Weil die große Liebe nur möglich ist, wenn beide sich so fühlen, bohren verliebte Menschen immer in der Seele des anderen herum und fragen teilweise im Minutenabstand nach, ob die Liebe bei dem anderen auch so groß ist. Man justiert die eigenen Liebesgefühle durch ein Einstellen auf die korrespondierenden Gefühle des anderen. Wenn dann die Liebe des anderen nicht so groß zu sein scheint wie die eigene – was man meist an untrüglichen Anzeichen zu erkennen glaubt –, dann kann man schnell seine eigenen Verliebtheitsgefühle wieder reduzieren und sich damit emotional in Sicherheit bringen. Je stärker die eigenen Verliebtheitsgefühle sind, desto schwieriger ist es, sie in Schach zu halten, sie zu kontrollieren, sie abzuwehren, um nicht von ihnen oder mit ihnen fortgeschwemmt zu werden.

Aber damit noch nicht genug. Eine Besonderheit bei dieser verliebten Partnerwahl besteht darin, dass beide Partner nicht nur alte Gefühle aus früheren Liebesbeziehungen auf den jeweils anderen übertragen, sondern zudem eine tiefe Liebessehnsucht in sich tragen, bevor sie eine konkrete Liebesbeziehung eingehen. Insofern besteht ein inneres, idealisiertes Bild eines Partners, bevor man die konkrete Person trifft. Auch dieses Ideal setzt sich aus alten und neuen Sehnsüchten zusammen, die immer größer, umfassender, tiefer und maßloser sind, als sie je ein real lebender Mensch befriedigen könnte. Wer entspricht schon einem Ideal? Die häufigste Lösung der Menschen für dieses Problem ist psychologisch einfach: Man glaubt daran, den idealen Liebespartner gefunden zu haben. Genauer gesagt: Man projiziert die eigenen Liebessehnsüchte in einen anderen Menschen hinein, man liebt die Liebessehnsüchte in ihn hinein, um sie danach wieder aus ihm herauszulieben. Insofern ist die große Liebe ein doppelter psychischer Vorgang, der seinen Ursprung im Liebenden und nicht im Geliebten hat: Zum einen werden alte Gefühle übertragen, zum anderen werden Liebessehnsüchte projiziert. Wenn der betroffene Partner dies nicht nur zulässt, sondern ebenfalls so empfindet, dann kommt es zum Urknall, dann hat es gefunkt, dann ist es um beide erst einmal geschehen. Dann werden Glückshormone freigesetzt, die auf der einen Seite extrem beunruhigen, andererseits aber eine Ruhe und Sicherheit geben, wie sie vielleicht nie zuvor empfunden wurde.

Die Liebe des Lebens

Es gibt einen neueren deutschen Roman mit dem Titel „Die große Liebe" von Hanns-Josef Ortheil. Darin wird literarisch beschrieben, wie aus der ersten verwirrenden Begegnung sehr schnell eine tiefe Vertrautheit entsteht, die mit großer Geschwindigkeit bei beiden zu der Gewissheit führt, dass es sich um die große Liebe handelt, obwohl die Frau in einer festen Partnerschaft mit Perspektive gebunden ist und er nur beruflich und zeitlich begrenzt vor Ort ist.

Schon in der ersten Begegnung ist die Verwirrung der Gefühle enthalten. Dottoressa Franca arbeitet als Meeresbiologin in einem Ort namens San Benedetto an der italienischen Adria. Ihr Verlobter, den sie bereits seit Kindertagen kennt, ist der ebenso intelligente wie erfolgreiche Leiter des Museums, Dottore Alberti. Sie sind in die gleiche Schule gegangen, er ist sogar mit ihrem Bruder befreundet gewesen und nach dem Studium haben sie sich wieder getroffen. Er wird in Kürze auf eine Leitungsstelle nach Ancona wechseln und sie soll ihn als seine Stellvertreterin dorthin begleiten. Ein Team! Eine lange Beziehung, eine ausgemachte Sache, nicht überschwänglich emotional oder gar poetisch, aber eine sichere und zukunftsträchtige Beziehung, die man nicht einfach mit einer Liebesaffäre aufs Spiel setzt.

Der Ich-Erzähler ist ein deutscher Fernsehredakteur aus München, der für einen Film über das Meer recherchiert. Sie sehen sich im Museum, im Ort, im Café und es entwickelt sich schnell eine intuitive Vertrautheit zwischen beiden. Lange Passagen des Romans sind dem Essen und Trinken gewidmet, dem langen, genussvollen, italienischen Tafeln, das hier erotisch aufgeladen ist. Zwischen den beiden entsteht eine große Nähe, die durch die Sprachlosigkeit und die Selbstverständlichkeit etwas Einmaliges erhält. Essen gehen, lange Gespräche, die vom Geschäftlichen ins

Private wechseln, spielerisch beinahe, und dann in Geschichten übergehen, bei denen sie ihr Leben neu erfinden. Beide sind in den Erzählungen ganz beieinander, in den anderen versunken zwischen Antipasti, Wein, Brot und den Blicken des zugewandten Gegenübers, und verschmelzen dabei langsam zu einem Paar. Zwei Tage später ein gemeinsamer Ausflug in die nahe gelegenen Berge und wieder die gleiche, selbstverständliche, in die Landschaft und das Essen eingebettete Intensität ihrer Begegnung. Sie essen die schlichte Küche der Berge, und nach dem Essen erkundigt er sich nach einem Zimmer, lässt es sich auch zeigen, beschließt aber dann doch, sich Zeit zu lassen – erst viel später gesteht sie ihm, dass sie es so gern gehabt hätte, wenn er sie geküsst hätte, wenn sie die Nacht dort oben in den Bergen verbracht hätten, dass sie ihn beinahe dafür gehasst hat, dass er es nicht tat.

Nach einer der nächsten Begegnungen bietet sie ihm das Du an, eher beiläufig, für ihn ist es wie der erste Kuss. Zum ersten Mal denkt er: die große Liebe. Wenn er mit ihr zusammen ist, bleibt die Zeit stehen, ist er ausschließlich mit ihr beschäftigt, fasziniert von ihr, von allem, was sie sagt, und von allen kleinen Handlungen, die alle genau registriert werden, und wenn er wieder allein ist, dann breitet sich eine Leere und eine Sehnsucht in ihm aus, die nur durch ihre Gegenwart wieder gefüllt werden kann.

Ihr Verlobter, Dottore Alberti bekommt langsam mit, was die beiden treiben, er spürt die gegenseitige magische Anziehungskraft, die sie aufeinander ausüben, und er beschließt zu kämpfen, und zwar mit allen Mitteln, die ihm zur Verfügung stehen. Zuerst stellt er seine Verlobte zur Rede, dann beschließt er, sich diesem „deutschen Touristen" zu widmen. Die beiden treffen sich in einem Restaurant. Natürlich will er wissen, was dieser Deutsche von seiner Verlobten will, ob es nur eine Urlaubslaune ist oder mehr. Dottore Alberti vermutet, einen verwirrten Verliebten vor sich zu haben, dem man erst einmal Zeit zur Abkühlung geben muss und der dann wieder zur Besinnung kommen wird. Das ist, psychologisch gesehen, eine klassische Realitätsprüfung, die Dottore Alberti hier von dem Verliebten einfordert, und gleich danach fordert er eine weitere reife Leistung von ihm: die Übernahme der Verantwortung für sein Handeln. Aber der Verliebte bleibt ruhig, sagt, dass diese Fragen ebenso wie die nach einer konkreten gemeinsamen Zukunft nur ihn und Franca etwas angingen. Diese Gelassenheit in der Gewissheit einer großen Liebe macht den betrogenen Mann fassungslos und am Ende verliert der analytische Verstandesmensch die Contenance. Das Gespräch endet ohne Klärung; später berichtet er Franca, dass er gar nicht die Empfindung gehabt habe, dass Dottore Alberti ein Rivale sei, sondern eher ein Freund, das Unglück sei nur, dass beide Männer die gleiche Frau lieben würden.

Francas Schwachstelle ist ihr Vater, sie hat Angst, Dottore Alberti könne ihrem Vater von ihrer Liebesaffäre berichten, sie bei ihrem Vater in ein schlechtes Licht rücken, und das beunruhigt sie so sehr, dass sie beschließt, ihren Vater zu informieren, bevor es jemand anderes tun könnte. Sie ruft ihn an, er kommt am nächsten Abend.

Und dann erhält der Roman eine Wendung, die zugleich eine Erklärung für „Die große Liebe" ist. Nachdem Franca mit ihrem Vater gesprochen hat, möchte dieser den neuen Mann kennen lernen. Die beiden Männer unterhalten sich nicht über Franca, nicht über die große Liebe, nicht über seinen Beruf, seinen sozialen oder familiären Hintergrund, nicht über die Frage, die Dottore Alberti bewegt: Wie stellen Sie sich die gemeinsame Zukunft mit meiner Tochter vor? All dies besprechen sie nicht. Sie reden über das Meer, die Sonne, die Malerei, die Musik, die Kunst, die Küstenbewohner und das Schwimmen. Dabei entwickeln sie gemeinsam, wie zwei neugierige Philosophiestudenten in einem Existentialistencafé, eine „Grundlegung zu einer

Metaphysik der Morgengymnastik im Meer unter besonderer Berücksichtigung einer Metaphysik des Schwimmens" (285). Und noch während des Gesprächs stellen beide erstaunt fest, dass sie sich gut verstehen, dass es Spaß macht, miteinander zu reden, dass da eine Seelenverwandtschaft ist.

Franca findet in diesem deutschen Journalisten ihren Vater wieder. Ihre große Liebe ist, psychologisch gesehen, eine Übertragungsliebe. Deren Stärke ergibt sich daraus, dass sie auf einer alten Liebe aufbaut, dass sich alte und neue Liebe verbinden und viele Elemente der alten Vater-Tochter-Beziehung auf die neue Liebesbeziehung übertragen werden und in ihr eine Fortsetzung, vielleicht sogar Vollendung erfahren. Das ist es, was ihre Liebe so stark, so verlässlich und so überzeugend sein lässt, ohne Zweifel, ohne Umwege oder Missverständnisse. Und auf dieser sicheren Basis ist die Frage nach der Zukunft nicht beunruhigend. Franca beschließt, sich erst mal frei zu nehmen und am folgenden Freitag für einen Monat nach München zu kommen. Beide haben in sich die Gewissheit, dass sie zusammenbleiben werden und müssen dies daher gar nicht konkret besprechen. Er sagt ihr einfach, sie möge am Freitag abends um neun in der Osteria Italiana in München sein. Eine Woche später bestellt er dort um kurz vor neun das Essen. Sie kommt und sie essen, wie selbstverständlich. So endet das Buch und der Leser ist sich sicher, dass diese Beziehung weitergeht, dass es die große Liebe für beide ist und dass alle weiteren Fragen nebensächlich sind.

Diese emotionale Gewissheit für die beiden verliebten Partner, dass es sich nur um die große Liebe handeln kann, könnte nur durch eine letzte Variante des Schicksals erschüttert werden. Wenn nun die große Liebe eine Übertragungsliebe ist, gibt es dann nur eine einzige, oder kann es auch mehrere große Lieben in einem Leben geben? Dies ist der sehnlichste Wunsch all jener, die eine gescheiterte Liebesbeziehung hinter sich haben, von der sie einmal fest überzeugt waren, dass es die große Liebe war, und die nun eine neue große Liebe suchen. Oder könnte man sich vorstellen, mit einer großen Liebe zusammenzuleben und dennoch eine andere zu treffen, dann mit dieser eine Liebesaffäre beginnen und sich von der ersten Liebe trennen? Auf diese Frage, ob es nur eine oder mehrere große Lieben im Leben gibt, hat Toni Morrison, die bislang einzige schwarze Literaturnobelpreisträgerin, eine verblüffende Antwort: „Es gibt wahrscheinlich sieben, aber dafür muss man reisen".

Komplikationen der großen Liebe

Kann es bei der großen Liebe des Lebens überhaupt Probleme geben? Jeder, der schon einmal eine solche Liebe des Lebens gelebt und geliebt hat, weiß, dass leider nicht nur die positiven, sondern auch die negativen Gefühle eine ungeheure Energie entwickeln können. Ist also die mit der großen Liebe verbundene Sicherheit und Gewissheit ein Schutzschild gegen jede Krise der großen Liebe? Ja und nein. Sie ist es, weil es kaum eine andere Paarbeziehung gibt, die bessere Startbedingungen hat. Und sie ist es nicht, weil eine Partnerschaft ohne Krisen nicht denkbar ist, denn sie wäre unmenschlich. Jede Partnerschaft besteht aus zwei Menschen, die sich beide persönlich weiterentwickeln, und aus einer Paarbeziehung, die auch ihre Reifungskrisen und Entwicklungszyklen kennt. Ganz zu schweigen von den Kindern, die nicht nur Freude und Liebe in die Partnerschaft bringen, sondern auch Unruhe und emotionalen Stress. Dies sind Entwicklungen durch äußere Veränderungen (Schule, Arbeit, Kultur), durch persönliche Veränderungen und Reifungen und innerhalb der Partnerschaft.

Ihre Stärke ist zugleich die Schwachstelle der Übertragungsliebe. Es sind die alten Gefühle, die mit früheren

Beziehungen verbunden werden – und die manchmal auch ungelöste Konflikte, unbewältigte Krisen und unverarbeitete Ängste mit sich bringen. Nehmen wir zum Beispiel einen Mann, der in seiner Frau auch eine sorgende und liebevolle Mutter wiederfindet, die ihn heute so umsorgt, wie seine Mutter es auch einmal getan hat. Mit den alten angenehmen und warmen Gefühlen, die seine Frau bei ihm Mann dadurch auslöst, werden gefühlsmäßig auch viele andere Themen wieder angestoßen und empfunden, ohne dass diese bewusst werden müssen. Denn da gab es nicht nur die liebevolle, sondern auch die strafende Mutter, die cholerische Anfälle bekam, herumschrie und sich später wieder dafür entschuldigte. Die Mutter, die sich ihrem Mann gegenüber unterwürfig zeigte bis zur Selbstverleugnung, und die in dem Sohn starke Errettungsgefühle auslöste, verbunden mit heftigen Aggressionen gegen den Vater. Und wenn er heute seine Frau erlebt, wie sie manchmal sauer wird und schreit, dann erinnert ihn das auch an seine Mutter. Aber eigentlich wollte er von einer Frau niemals mehr so behandelt werden wie damals von seiner Mutter, wenn sie aggressiv wurde. Dann gerät er in Clinch mit seiner großen Liebe des Lebens und will ihr die notwendigen Grenzen setzen, so wie er es früher immer gerne gekonnt hätte. Seine Frau, die diesen Hintergrund nicht kennt, ist überrascht angesichts seiner Vehemenz. Der Streit, der sich daraus entwickelt, kann über eine lange Zeit das Klima vergiften und das vermeintlich unerschöpfliche Konto der großen Liebe belasten.

Einer Frau, die sich – bewusst oder unbewusst – durch die Liebe ihres Lebens an den eigenen Vater erinnert fühlt, geht es nicht viel anders. Sie fühlt sich bei ihrem Mann wieder so sicher und geborgen wie bei ihrem Vater damals, als sie bei ihm auf den Schultern saß und von ihm durch den Tierpark getragen wurde. Aber der Vater war nicht nur stark und gütig, er hat auch phasenweise zu viel getrunken, sein

Geld in die Kneipe getragen und, wenn er im Rausch war, seine Frau angebrüllt und erniedrigt. Er hat gar nicht so viel mit seiner Tochter gespielt, wie sie es heute gern erinnert, sondern ist oft einsam und allein seiner Wege gegangen, war in der Familie kaum präsent. Und dann sieht sie ihren Mann, wie er sich abends mit einer Flasche Cognac vor den Fernseher zurückzieht. Und sie will den Anfängen wehren und verhindern, dass er auch so wird wie ihr Vater, und nimmt ihm die Flasche Cognac weg und schüttet sie in den Ausguss. Er fühlt sich bevormundet, hat den ganzen Tag gearbeitet und will sich abends mit einem Glas Cognac belohnen. Die Bevormundung durch seine Frau findet er unerträglich. Der anschließende Streit wird heftig und grundsätzlich, weil sie meint, den weiteren Fortgang der Geschichte zu kennen, und er sich in seiner Autonomie bedroht fühlt. Ihr Blick auf den Alkohol ist getrübt durch ihre negativen Erinnerungen an ihren trinkenden Vater und daraus leitet sie ihr Recht, ja ihre Pflicht ab, solche „Alkoholexzesse" von Anfang an zu unterbinden, während er sich fragt, warum sie ihm nichts gönnt.

Übertragungen machen das Leben nicht nur schöner, sondern auch komplizierter. In einer Paarbeziehung sind dann bei einem Streit mindestens sechs Personen beteiligt: einerseits die Frau, ihr „inneres Kind" (die Erinnerungen an sich selbst als Kind) und ihr altes Vaterbild, das sie auf den Mann überträgt, und andererseits der Mann, sein „inneres Kind" und sein Mutterbild, das er auf die Frau überträgt. Wer hat es da mit wem zu tun, wer streitet mit wem, wer liebt wen noch, worum geht es eigentlich? Um solche Verwirrungen aufzulösen, frage ich manchmal die Paare, die zu mir in die Therapie kommen, welche Probleme der Vater des Mannes wohl mit der Mutter der Frau gehabt hätte. Manchmal schmunzeln die Paare nach anfänglicher Verwirrung über diese Frage, weil sie erkennen, dass ihre Mutter und sein Vater wahrscheinlich ganz ähnliche Konflikte gehabt hätten. Psychologisch ist so etwas nicht verwunderlich, weil jede Frau in ihrer Mutter ein Vorbild hat, mit der sie sich identifiziert, und jeder Mann in seinem Vater ebenfalls eine Identifikationsfigur hat. Insofern tragen beide Partner ihre gleichgeschlechtlichen Eltern stets bei sich. Und wenn der geliebte Partner an den jeweils gegengeschlechtlichen Elternteil erinnert, dann sind damit nicht nur viele alte schöne Erinnerungen, sondern auch zu viele alte Konflikte und Probleme verbunden. Aber auch diese negativen, komplizierten Seiten der großen Liebe können ein geheimer Sinn einer Paarbeziehung sein. Das ist dann das Versprechen auf Heilung alter Wunden.

Das gegenseitige Versprechen

Die Suche nach Heilung alter Wunden

Liebesbeziehungen sind die intensivsten und bedeutsamsten Beziehungen des Menschen. Wir können in anderen Beziehungen unsere Freizeit verbringen, arbeiten oder lernen, aber persönlich entwickeln können wir uns vor allem in privaten, intimen Beziehungen. So versuchen die Menschen durch die Wahl ihres Partners oder ihrer Partnerin, auch bestmögliche Bedingungen für die eigene, persönliche Entwicklung zu bekommen. Das hört sich bei aller Romantik etwas funktional oder gar egoistisch an. Wenn man aber die Gründe hört, die ehemalige Partner anführen, warum sie sich getrennt haben, dann steht oftmals an erster Stelle die Blockierung der eigenen Entwicklung durch die Partnerschaft.

Entwicklung ist kein geradliniger und stetig ansteigender Prozess, sondern verläuft in Sprüngen, Kurven und Widersprüchen, manchmal auch rückwärts. Persönliche Entwicklung geschieht nach Erikson in einzelnen Reifungsphasen, in denen jeweils typische Konflikte gelöst werden müssen. Können diese Reifungskonflikte nicht gelöst werden, weil alte Ängste oder ungelöste Konflikte einer Weiterentwicklung im Wege stehen, bleibt der Mensch auf einer Entwicklungsstufe stehen. Dann müssen erst die alten Hindernisse beseitigt werden, bevor der Weg fortgesetzt werden kann. Und so sucht sich solch ein Mensch einen Partner, der sich mit diesen besonderen Problemen auskennt und insofern eine Hilfe bei der Beseitigung seiner persönlichen

„Altlasten" sein kann. So hat die Partnersuche und Partnerwahl eines Menschen eine ganz bestimmte Ausrichtung und es kann sein, dass sehr attraktive andere Partner zur Auswahl stehen, die aber allesamt langweilig erscheinen, weil sie die notwendigen Herausforderungen zur persönlichen Entwicklung nicht mitbringen. Haben sie sich aber gefunden, dann ist mit der Partnerwahl auch das geheime Versprechen auf Lösung alter Konflikte oder Heilung alter Wunden verknüpft. Diese innere Gemeinsamkeit kann man äußerlich meist nicht erkennen.

Schöner Pfau und graue Maus

Wir sind es gewohnt, beim Anblick eines Paares nach Verbindendem zu suchen, zunächst im Äußerlichen, dann vielleicht in gemeinsamen Interessen, Hobbys oder Eigenarten. Wenn wir diese Gemeinsamkeiten auch nach längerem Suchen nicht finden, verstört uns das. Was finden die beiden aneinander? Wieso lieben die sich? Warum sind ausgerechnet diese beiden ein Paar – obwohl sie auf den ersten Blick so gar nichts gemein haben? Manchmal verkörpern sie Gegensätze: groß und klein, jung und alt, schöner Pfau und graue Maus! Wenn das Äußere nicht zusammenpasst, was mag sie dann an inneren Themen zusammenführen?

Michael Lukas Moeller hat einmal gesagt, der ideale Partner sei derjenige, der die größte Wahrscheinlichkeit mit sich bringe, das eigene Lebensthema und die damit verbundenen Gefühle wie Angst, Trauer, Verlassenheit oder gar Schmerz nicht nur zu verstehen, sondern zugleich am besten lindern zu können. Wenn der Partner nicht nur tiefes Verständnis, sondern zudem das Versprechen der Heilung oder der Lösung mit sich bringe. Anders ausgedrückt: Wenn der Partner versteht, wo und wie der andere in seiner Entwicklung blockiert ist und zudem, wie er da wieder herauskommen kann, welche Hilfe, Lösung oder Gefühle er oder sie braucht, dann hat man im Partner nicht nur ein besonderes Verständnis gefunden, sondern zugleich den Schlüssel für die eigene weitere Entwicklung. Damit können aber auch alte Gefühle wieder hochkommen, die gar nicht angenehm sind und den betroffenen Menschen nicht glücklich aussehen lassen.

Echte Gefühle

Eine Liebe, die mit dem Versprechen auf Lösung alter Konflikte oder Heilung alter Wunden verbunden ist, wird von der Art des jeweiligen Lebensthemas und den damit verbundenen Gefühlen geprägt. Mitunter haben sich dann zwei Verliebte gefunden und wirken schon nach kurzer Zeit gar nicht mehr glücklich. Denn wenn es um alte Gefühle wie Überforderung, Einsamkeit, Trauer, Hilflosigkeit oder gar Hoffnungslosigkeit geht, dann sieht eine solche Liebe über lange Zeit gar nicht glücklich aus und die guten Freunde und Verwandten fragen sich noch mehr, warum diese beiden Menschen überhaupt noch zusammen sind. Aber wie soll man auch einen glücklichen Eindruck machen, wenn man versucht, sich mit alten Verlassenheitsängsten so auseinanderzusetzen, dass sie bewältigt werden? Wie kann man fröhlich sein, wenn Einsamkeit und Trauer wieder hochkommen? Viele Menschen wirken nach außen fröhlich und glücklich und hinterlassen dennoch den Eindruck, dahinter Trauer und Einsamkeit zu verbergen. Solche Menschen überleben täglich mit ihrer Abwehr und versuchen sich anders zu verhalten, als sie wirklich empfinden. Haben sie dann eine Liebesbeziehung gefunden, in der sie authentisch sein können, und zeigen diese Gefühle, dann sollten wir uns manchmal freuen, weil sie damit näher an ihrem inneren Kern, an ihrer Persönlichkeit, an ihren wirklichen Gefühlen sind. Und das ist ihnen nur möglich, weil sie eine Partnerschaft leben, in der sie sich nicht mehr verstecken müssen. Dann sind sie näher bei sich, wenngleich manchmal anstrengender für ihre Mitmenschen.

Das große Versprechen

Häufig kommen solche Paare in die Therapie, weil sie in der Aufarbeitung der alten Konflikte stecken geblieben sind. Dann sind die alten Wunden bei dem Versuch der späten Heilung wieder aufgerissen und sie machen ihre Partnerschaft dafür verantwortlich. Dann haben sie das Gefühl, getäuscht worden zu sein. Das große Versprechen, an das sie geglaubt haben, ist gebrochen worden. Sie sind in den alten Gefühlen gefangen und zugleich maßlos enttäuscht, dass die Partnerschaft sich als Trugschluss erwiesen hat. Dennoch können und wollen sie ihre Beziehung nicht so einfach beenden, denn das gegenseitige Verständnis ist noch da. Sie kommen an ihre Gefühle heran, empfinden diese tiefe Gemeinsamkeit, kommen aber in der Lösung der alten Konflikte nicht weiter.

Sie können nicht so einfach ihre Liebesbeziehung beenden, obwohl es ihnen über lange Zeit sehr schlecht geht und alle Freunde ihnen mehrfach geraten haben, sich doch zu trennen. Diese Freunde haben dann die Vorstellung, eine Partnerschaft solle glücklich sein, die Menschen zufrieden, und das alles mit möglichst wenigen Konflikten. Was sie verkennen, ist, dass Liebe sehr oft etwas mit Leiden und Schmerz zu tun haben kann, ja sogar, dass nur die Größe einer solchen Liebe es möglich macht, den tiefen Schmerz und die ganze Verzweiflung zuzulassen. Solche Paare haben schwere Zeiten miteinander und sie wissen manchmal nicht, ob sie mehr an sich selbst leiden oder an der Partnerschaft. Sie haben beide schon mehrfach voreinander gestanden und gedacht, dass eine Trennung vom Partner auch die Möglichkeit, ja sogar die Wahrscheinlichkeit mit sich bringe, dem Leiden ein für alle Mal zu entkommen und nur ohne den Partner jemals wieder glücklich sein zu können. Aber sie sind dann zum Unverständnis aller Freunde doch zusammen geblieben.

Die Lösung alter Konflikte

Eine meiner Klientinnen hatte als kleines Mädchen sehr unter der konfliktreichen Trennung ihrer Eltern gelitten. Soweit sie sich überhaupt an ihre Kindheit erinnern konnte, hatte es immer lauten Streit zwischen ihren Eltern gegeben, und nicht selten flogen dann auch Teller durch die Küche, manchmal war es auch zu Handgreiflichkeiten gekommen. Diese Streits liefen häufig nach dem gleichen Muster ab: Ihre Mutter brüllte, beschuldigte und erniedrigte ihren Vater, der setzte sich irgendwann in sein Auto und fuhr weg. Manchmal kam er erst Tage später zurück. Dann hatte sie fürchterliche Angst gehabt, dass er nicht wiederkommen würde, und ihre Mutter im Stillen verflucht. Bei den Streitereien der Eltern war sie regelmäßig in ihr Zimmer gegangen, hatte sich in ihrem Bett vergraben und Schokolade gegessen. Noch heute zog sie sich in die letzte Ecke des Hauses zurück, wenn es ihr schlecht ging, und aß heimlich Schokolade.

Als erwachsene Frau hatte sie häufig Probleme gehabt, eine enge, intime Paarbeziehung einzugehen. Immer wenn es ernst wurde, hatte sie die Beziehung abgebrochen. Gründe dafür konnte sie immer genug finden, meist beim Partner oder sogar bei den Männern im Allgemeinen. Als sie dann aber einen Mann traf, der sie verstand und den sie besonders liebte, konnte und wollte sie sich nicht wieder so einfach trennen. Diesmal konnte sie sich auch nicht herausreden, der Mann sei schlecht und bindungsunfähig, denn er war sehr rücksichtsvoll, machte keinen Druck und liebte sie einfach weiter, obwohl sie es ihm wirklich schwer machte, weil sie – sehr zu ihrem Schrecken – in Streitsituationen genauso herumbrüllte wie ihre Mutter damals. Sie erkannte, dass ihre heutigen Beziehungsschwierigkeiten als erwachsene Frau etwas damit zu tun haben könnten, dass sie als kleines Mädchen so sehr unter den Trennungs- und Scheidungskonflikten ihrer Eltern gelitten hatte. Obwohl sie viel über die Kraft der Liebe reden konnte und viele Bücher dazu gelesen hatte, misstraute sie der Liebe im Grunde ihres Herzens.

Der Mann hatte sich mit ihr eine Frau ausgesucht, die großen Wert auf Autonomie und Abstand in der Beziehung legte. Ihm kam das entgegen, denn er hatte unter einer Mutter gelitten, die ihm „keine Luft zum Atmen gelassen hatte". Er war das einzige Kind seiner Eltern, der Vater hatte ein eigenes Geschäft, verließ morgens das Haus, bevor sein Sohn aufstand, und kam abends sehr spät wieder. Seine Mutter war Hausfrau gewesen und hatte ihre ganze Lebensaufgabe darin gesehen, für ihren Sohn zu sorgen, ihn zu behüten und stets für ihn da zu sein. Dies hatte zwar auch seine angenehmen Seiten gehabt, aber mit zunehmendem Alter erlebte er das als Einschränkung seiner Autonomie und als Bevormundung. Sie sagte zwar immer, dass sie alles für ihn nur aus Liebe tue, aber irgendwann kam er zu der Überzeugung, dass sie es nicht aus Liebe zu ihm tat, sondern um ihrem Leben einen Sinn zu geben. Er fühlte sich von ihr benutzt und missbraucht und bekam schreckliche Wutanfälle, wenn sie ihn wieder mit ihrer Fürsorglichkeit und falschen Liebe erstickte. Dennoch konnte er sich nicht von ihr abgrenzen, und sein Vater hatte es versäumt, seinem Sohn aus dieser Umklammerung herauszuhelfen. Wie wohltuend war es, als er seine Freundin traf, die so gar nichts von seiner Mutter hatte. Sie ließ ihm allen Raum und alle Zeit der Welt, setzte ihn nicht unter Druck, ließ ihm genug Luft zum Atmen. Beide verliebten sich heftig ineinander, wurden ein Paar, blieben aber in ihren getrennten Wohnungen wohnen.

Nach drei Jahren der Partnerschaft auf Distanz („living apart together") entstand bei beiden der Wunsch nach mehr Nähe. Er fand das Hin- und Herfahren zwischen den Wohnungen zunehmend umständlich. Und sie war 34 Jahre alt und wollte langsam gerne Mutter werden. Beide wollten mehr Nähe, doch je mehr sie daran dachten, zusammenzuziehen und ein Kind zu bekommen, desto mehr Panik bekamen sie. Anlass ihrer Auseinandersetzungen war meistens die Frage, wo sie wohnen wollten: in Stadtnähe oder eher auf dem Lande. Sie wollte aufs Land „wegen der Kinder", er wollte in der Stadt bleiben wegen der Nähe zur Arbeit. Die Gespräche drehten sich im Kreis, die Wohnungsfrage wurde zu einem Reizthema und als die Frage der Trennung auftauchte, entschlossen sich beide, eine Paartherapie zu machen, weil sie alleine und mit den gut gemeinten Ratschlägen ihrer Freunde nicht weiterkamen.

In den Paartherapiegesprächen erkannten beide sehr schnell, dass die Diskussionen um Wohnorte oder Verkehrsanbindungen nur Nebenschauplätze waren. Beide hatten es bislang gut geschafft, ihre Partnerschaft gemäß ihren alten Ängsten zu arrangieren, aber dieses Arrangement drohte zu scheitern, wenn mehr Nähe hergestellt werden sollte. Sie konnten und wollten nicht mehr in getrennten Wohnungen leben, wenn sie eine Familie werden und ein gemeinsames Kind haben wollten. Beide hatten große Angst vor Nähe: Sie befürchtete, die Beziehung würde wieder in Dauerkonflikten und letztlich in Trennung enden würde, er sorgte sich, dass sie als Mutter nicht nur ihn, sondern auch sein Kind beglucken würde. Beiden wurde langsam klar, dass alte Ängste und ungelöste Nähe-Distanz-Konflikte ihre weitere persönliche und partnerschaftliche Entwicklung verhinderten. In der Paartherapie haben wir viel Zeit damit verbracht, ihre frühen Erfahrungen als Kinder und Jugendliche in ihren Familien zu verstehen und zu erklären, die alten Ängste und ungelösten Konflikte durchzuarbeiten, aber dies alles zu trennen von ihrer heutigen Situation als erwachsene Partner. Sie glaubten, alles würde sich wieder genau so entwickeln, wie sie es damals erlebt hatten. Aber nach einer Weile erkannten sie, dass nicht so sehr die Psychologie oder Therapie die Wiederholung als zwangsläufig betrachteten, sondern dass sie es vielmehr selbst waren, die sich die Zukunft nur aus dem Blickwinkel der vergangenen Erfahrungen heraus vorstellen konnten. So bekamen sie immer mehr Zutrauen in eine selbst gestaltete Zukunft und nahmen ihren Ängste den Schrecken, indem sie drüber sprachen und Wege des Umgangs mit ihnen fanden. Als sie die Vergangenheit mit ihrem magischen Zauber hinter sich gelassen hatten, begaben sie sich mit Höchstgeschwindigkeit auf die Überholspur in die Zukunft. Noch während der Therapie wurde die Frau schwanger und beide suchten eine gemeinsame Wohnung am Stadtrand. Dies war ein Happy End, aber es ist auch leichter alte Konflikte zu lösen als alte Wunden zu heilen.

Die Heilung alter Wunden

Vor einiger Zeit kam ein Paar, dessen Liebe auf gegenseitigen Versprechen der Heilung alter Wunden gegründet war, zu mir in die Therapie. Als sie all ihre Probleme geschildert hatten, fragte ich mich, was denn so stark sein könne, sie all dies über die Jahre aushalten zu lassen, was sie unterhalb dieser heftigen Beziehungsprobleme so stark aneinander binde, dass sie alle ihre Schwierigkeiten miteinander bislang nicht dazu gebracht hatten, sich einfach zu trennen. Natürlich waren da die Kinder, diese liebenswerten Beziehungsstabilisatoren, die sie aneinander banden. Und sie hatten auch immer noch ganz passablen Sex und meinten, nonverbal würden sie sich ganz gut verstehen, ihre Körper könnten gut beieinander sein, nur reden dürften sie nicht, dann würde es kompliziert. Sie war Dolmetscherin, Mitte dreißig, er promovierter Chemiker in einem Pharmakonzern, sie hatten drei Kinder zwischen vier und neun Jahren. Sie waren seit zwölf Jahren ein Paar und seit zehn Jahren verheiratet. Die Krise bestand schon seit vielen Jahren. Die Klientin beschrieb ihr Problem in klaren Worten: „Ich erreiche diesen Mann nicht, er ist zu wie eine Auster, ich komme nicht an ihn heran, und wenn er so bleibt, dann sterbe ich langsam an Einsamkeit und emotionalem Unterzucker." Er wusste, wovon sie redete. Sie hatte versucht, ihn mit einem Geliebten aus der Reserve zu locken, aber er hatte nur still gelitten, und das hatte sie sich nicht mehr mit ansehen können, zumal sie den Geliebten nicht liebte und ihre Familie für ihn niemals aufgegeben hätte. Das Problem bestand darin, dass ihr Mann emotional immer wieder in den „Standby-Modus" wechselte. Diesen Begriff hatten wir in der Therapie erfunden, um dem Problem einen Namen zu geben. Seine Gefühle wurden auf wundersame Weise reduziert, er erschien unempfindlich, hatte selbst auch kaum noch Kontakt zu seinen Gefühlen, wusste weder, wie er in diese gefühllosen Zustände hineinkam, noch, wie er wieder herauskommen konnte. Diese Zeiten im Standby-Modus waren schon kurz nach Beginn der Beziehung aufgetaucht, wurden allmäglich aber immer länger und intensiver. Er merkte, dass seine Frau dann emotional nicht mehr an ihn herankam, wusste aber nicht, was er dagegen tun konnte. Mit den Kindern war das noch anders, die konnten ihn noch erreichen, besonders sein erstgeborener Sohn, aber auch der hatte aus der Sicht seiner Mutter schon bedenkliche Anzeichen für diese Krankheit seines Vaters.

Im Verlauf der Therapie haben wir zunächst versucht herauszuarbeiten, in welchen Situationen der Mann drohte, in diesen Standby-Modus zu geraten, was die Auslöser waren, seine „Trigger-Moments". Welche Situationen mit welchen Gefühlen konnten dazu führen, dass er zunehmend unempfindlicher wurde? Im Laufe der Therapie stellte sich heraus, dass diese Unempfindlichkeit nur im privaten Leben ein Problem darstellte, im beruflichen wurde dies als eine besondere Fähigkeit bewertet, die ihn auf der Karriereleiter nach oben brachte. Bei der Arbeit schien er durch diesen Standby-Modus unverwundbar und unbegrenzt belastungsfähig. Dass er dabei auch über seine physischen Grenzen hinwegging, machte ihn allerdings nachdenklich. Wesentliches Ergebnis unserer Suche war eine emotionale Überforderung. Sobald er sich emotional überfordert fühlte, wurde er unempfindlich. Das Problem war, dass er diese emotionale Überforderung gar nicht wahrnahm, sie aber jeweils seiner Abspaltung der Gefühle vorausging. Diesen Mechanismus kannte der Mann schon viel länger als seine Frau, und als wir in der Therapie zu den Situationen kamen, die für seine Gefühlswelt am bedrohlichsten gewesen waren, näherten wir uns den Ursprüngen dieser Abspaltung.

Sein Vater war ein Alkoholiker gewesen, der mit seinen Aggressionen der Familie über Jahre das Leben zur Hölle gemacht hatte. Seine Mutter hatte deswegen mehrfach versucht, sich umzubringen. Beide Eltern waren schwer depressiv gewesen. Er hatte mindestens drei Szenen erlebt, in denen die Mutter zunächst schreiend ankündigte, sie werde sich jetzt umbringen, dann in den Keller ging und sich dort einschloss, um sich zu erhängen. Der Vater war im Vollrausch auf dem Sofa eingeschlafen, und er musste als Sohn jetzt hellwach sein, denn seine kleine Schwester konnte ihm nicht helfen; sie weinte und klammerte sich an ihn. Dann musste er seine Gefühle kontrollieren, ja ausblenden, ruhig und konzentriert bleiben, in das Gartenhaus gehen, die Axt holen, damit die Kellertür einschlagen und seine Mutter vom Stuhl herunterholen, auf dem sie bereits stand, und sich den Strick um den Hals legt. Diese Szenen erzählte der Mann während der Therapie so, als ob er einen Film beschreiben würde, den er eine Woche zuvor gesehen hatte. Seine Frau weinte während des Berichtes. Er allerdings berichtete ohne jede Gefühlsregung, aber es war klar, dass gerade darin die große Kompetenz lag, auch die schwierigsten Situationen zu beherrschen und damit und nur damit seine Mutter zu retten. Später in seinem Leben war dieser Mechanismus immer mehr von alleine aufgetaucht, besonders in Situationen, die eine potentielle Überforderung beinhalteten. Wie sollte er etwas abstellen, was nicht nur seiner Mutter das Leben gerettet hatte, sondern auch ihm selbst, denn nur so hatte er emotional überleben können!

Seine Frau schien das Gegenteil von ihm zu sein, sehr emotional, das Herz auf der Zunge, warmherzig, manchmal ein Vulkan, oft zu Tränen gerührt, liebevoll. In ihr hatte er alles gefunden, was er nicht hatte oder zeigen konnte. Sie hatte einen Vater gehabt, dessen Programm lautete: Gefühle gibt es nicht! Zwischen den Eltern hatte es eine tiefe Spaltung gegeben und sie hatte als die Tochter die Aufgabe gehabt, diese eheliche Spaltung durch ihre Lebensfreude, ihr Dasein als Sonnenkind, auch als Delegierte ihrer Mutter, zu überwinden, das gefühllose Leben für ihre Mutter mit diesem Mann erträglicher zu machen und damit die Familie zusammenzuhalten. Die gleiche Rolle hatte sie heute in ihrer Familie, sie war immer noch in diesem Programm und suchte nach neuen Lösungen für alte Probleme. Ihr wurde bewusst, dass sie mit ihren Erfahrungen und Rollen auf wundersame Weise zu diesem Mann passte, und ihm wurde klar, dass er diese Frau gefunden hatte, um seine verlorenen Gefühle wiederentdecken zu können. Dieses Muster hatte sie all die Jahre zusammenbleiben lassen, oder hatte zumindest verhindert, dass sie sich trennten, obwohl sie oftmals kurz davor waren. Als er formulierte, was seine Frau tun könne, damit er gar nicht erst in diesen Modus hereingerate, war dies zugleich der Weg, den sie gehen konnte, um ihn emotional zu erreichen. „Hab keine Angst, ich liebe dich, wir schaffen das!" Wenn sie ihm diese Botschaft glaubhaft vermittelte, dann konnte er die Automatik der Abspaltung seiner Gefühle anscheinend auf Handbetrieb umstellen und bekam damit die Kontrolle über seine Überforderungssituation und seine Gefühle. Und sie musste nicht mehr die Rolle des Sonnenscheins und der Gefühlvollen spielen, wie sie es in ihrer Ursprungsfamilie gewohnt war, konnte mehr Kontakt zu sich selbst und ihren eigenen Gefühlen bekommen. Indem sie aufhören konnten, sich nach den alten Mustern zu verhalten, hatten sie aber noch keine neuen Muster oder Verhaltensweisen, insbesondere keinen neuen Umgang mit den Gefühlen gefunden, aber sie konnten sich gegenseitig helfen und damit ihr Versprechen einlösen: Sie konnte ihm das Vertrauen geben, sich in seinen Gefühlen zu öffnen, und er konnte ihr das Gefühl geben, auch geliebt zu werden, wenn sie nicht die Rolle des Sonnenscheins spielte. Das war zunächst ein sehr unsicherer Boden, ein dünnes Eis, auf dem beide sich bewegten. Die ersten Schritte gingen sie mit therapeutischer Hilfe, die nächsten konnten sie dann alleine gehen.

Bleibt nur noch zu fragen, was denn in solchen Beziehungen passiert, wenn die Partner diese Lebensthemen bewältigt haben, ob sie sich denn dann auch noch attraktiv finden und zusammenbleiben? Es kann sein, dass sie sich trennen, aber dann hat es andere Gründe. Es kann aber auch sein, dass sie zusammenbleiben und einfach nur so das Leben genießen.

Sprengstoff fürs Elternhaus

Partnerwahl und Herkunftsfamilie

„Wenn Ihre Partnerwahl nicht nur eine Liebeserklärung an Ihre Frau wäre, sondern auch eine Botschaft an Ihre Ursprungsfamilie, was wäre der Kern dieser Botschaft?" Manchmal verstehen die Paare solche Fragen nicht, die ich ihnen in der Therapie stelle, aber Kai versteht mich sofort und lächelt, während er antwortet: „Sprengstoff! Reines TNT! Eine ganze Wagenladung!" – „Und haben Sie diese Wagenladung Sprengstoff schon mal in Ihr Elternhaus eingeladen?" – „Sicher, und es ist genau das passiert, was ich erwartet hatte. Es gab den großen, längst überfälligen Knall. Meine Familie ist sofort mit Ute aneinandergeraten, es dauerte keine halbe Stunde, bis es heftig krachte, und dann bin ich mit Ute gegangen. Seitdem habe ich mit meinen Eltern nur noch telefoniert." – „Und was hätten Sie selbst tun müssen, um das zu erreichen, was der kurze Auftritt Ihrer Partnerin in Ihrer Familie bewirkt hat?" – „Ich weiß es nicht, ich hätte das selbst, glaube ich, nie geschafft, aber dafür habe ich ja jetzt Ute! Und seit dem Besuch bei meinen Eltern liebe ich sie eigentlich noch mehr."

Seine Partnerin ist sichtlich überrascht, als sie das hört: „Seine Mutter versuchte mir sofort klarzumachen, wie ich mich zu verhalten habe, und sein Vater behandelte mich von oben herab, das kann ich überhaupt nicht ausstehen, wenn Menschen nur ihre Maßstäbe gelten lassen, das hab ich ihnen so direkt gesagt, dann hat es Krach gegeben. Aber besser jetzt gleich als später, so lasse ich nicht mit mir umspringen, die kennen mich noch gar nicht und bewerten mich gleich. Aber was ich mich jetzt frage, ist, ob du mich deshalb ausgesucht hast?" – Kai grinst und sagt: „Nicht nur, aber auch, dieses Kämpferische liebe ich an dir, aber auch noch ein paar andere Seiten." Die beiden sehen sich verschmitzt und verständnisvoll an.

Kai war immer noch sehr verstrickt mit seiner Familie. Vor dem Besuch mit Ute hatte er jede Woche seine Eltern besucht und alle zwei bis drei Tage mit seiner Mutter telefoniert. Nicht, weil er das so wollte, sondern weil seine Mutter es wünschte und er nicht nein sagen konnte. Seine Familie hatte einen ganz bestimmten Kanon an Werten und Regeln und auch eine bestimmte Definition von Liebe, und die war im Kern eine Elternliebe. Genauer gesagt: Kinder haben ihre Eltern zu lieben, indem sie sich nach ihren Regeln, Werten und Maßstäben verhalten. Von der Liebe der Eltern zu ihren Kindern war nicht die Rede. Diese Liebe war für Kai mit unzähligen Regeln verknüpft, nach denen er sich richten musste, und nur wenn er diese befolgte, wurde er geliebt. Wenn er die elterlichen Gebote und Verbote nicht mehr befolgte, musste er mit Sanktionen rechnen. Auf diese Weise forderten seine Eltern von ihm Wohlverhalten ein. Und er wusste ganz genau, dass keiner mehr mit ihm reden würde, dass er kein Geld, keine Liebe und keine Anrufe mehr bekäme, wenn er sich diesen Familienregeln widersetzte. Geliebt wurde er nur so lange, wie er sich den elterlichen Geboten entsprechend verhielt.

Er befand sich in einer Zwickmühle: Als erwachsener Mann wollte er sich nach eigenen Werten verhalten, sein eigenes Leben leben, unabhängig sein; aber wenn er dies tat, riskierte er den Kontaktabbruch zu seiner Familie. Dadurch hatte sich in ihm über die Jahre eine unglaubliche Wut auf seine Eltern angestaut, weil er um seiner selbst willen geliebt werden wollte. Am liebsten hätte er den Eltern selbst die Wagenladung Sprengstoff ins Haus gefahren. In der Situation kam ihm die kämpferische Ute wie gerufen. Sie nahm kein Blatt vor den Mund, sagte ehrlich und wahrhaftig, was sie dachte und fühlte, ohne dabei verletzend zu sein. Diese Souveränität und Selbstsicherheit hatte es ihm angetan und somit war der Besuch bei den Eltern der letzte Test für ihn gewesen. Wenn sie es schaffte, sich bei seinen Eltern zu behaupten, dann war sie die Richtige, dann hatte sie den letzten Tauglichkeitstest bei ihm bestanden. Und er hatte damit zwei Fliegen mit einer Klappe geschlagen: Er hatte sich von seinen Eltern abgegrenzt und war weiterhin der folgsame Sohn, denn nicht er hatte sich aus der Sicht seiner Eltern danebenbenommen, sondern Ute. Das Kalkül hatte nur einen Haken: Er selbst war in der Lösung der unterschwelligen Konflikte mit seinen Eltern nicht weitergekommen. Aber seine Hoffnung war, dass er das von Ute lernen würde und die neue Distanz vielleicht auch mit der Zeit die Beziehungen ändern würde. Letztlich liebte er in Ute etwas, was er nicht war oder nicht sein konnte: wirklich autonom. Er schwankte zwischen serviler Unterordnung im Kontakt zu seinen Eltern und wütender Auflehnung gegen sie in seiner Fantasie. Ute war insofern eine Wunscherfüllung und eine wahrhafte Traumfrau. Und die empörten Reaktionen seiner Eltern zeigten ihm dies umso mehr.

Menschen wie Kai tragen auch als Erwachsene noch eine tiefe Enttäuschung über die eigenen Eltern in sich. Sie haben sich in der Familie nie wirklich geliebt gefühlt, denn Liebe bekamen sie nur für Anpassung und Wohlverhalten. Die Wahl eines Partners, der sich gegen dieses Elternhaus und seine gehassten Regeln auflehnt, kann also wahrhaft lustvoll, ja sogar eine Form der Rache sein. Häufig kommt es dann in Folge der Partnerwahl zu heftigen Konflikten zwischen den Eltern und dem gewählten Partner, der aus

Liebe einen Stellvertreterkrieg führt. Wenn sich dieser Prozess verselbständigt, kann schon nach kurzer Zeit kein Mensch mehr wissen, worum der Streit geht und warum er so heftig geführt wird. Anfangs wird der Kampf vielleicht noch stellvertretend für den Partner gegen die Schwiegereltern geführt, aber schon nach kurzer Zeit sind starke eigene Gefühle beteiligt. So entsteht vielleicht auch eine Verschwörung zwischen den Partnern, denn gemeinsame Feinde fördern den Zusammenhalt. Dies alles verstärkt die Konflikte und die heftigen Emotionen lassen Lösungen oder Versöhnungen illusorisch erscheinen. Die gegenseitigen Verletzungen können durchaus kriegerische Ausmaße annehmen; dies ist der Nährboden der Feindschaft, des Enterbens und der gerichtlichen Dauerkonflikte. Man begegnet sich mit Anwälten, die dann die Aufgabe haben, die finanziellen Streitigkeiten zu lösen oder sogar den Umgang zwischen den Großeltern und ihren Enkelkindern zu klären. Manchmal wird auch heute noch – wie in mittelalterlichen Zeiten – der Konflikt im Kampf ausgetragen. Die Waffen haben sich seitdem geändert, die sie führenden Gefühle nicht. Das wohl beste und bekannteste Beispiel für eine solche Liebe, die sich gegen die Eltern auflehnt und sich dabei aus der Umklammerung der Elternhäuser zu lösen versucht, ist die Liebe zwischen Romeo und Julia, wie sie William Shakespeare beschrieben hat. Romeo und Julia wissen nicht, wer sie sind, als sie sich ineinander verlieben, und ihr Schrecken ist groß, als sie es erfahren. Ihre Elternhäuser sind auf Dauer verfeindet. Ihre Liebe endet im Tod, und erst dadurch gelingt es den Familien, die Feindschaft zu beenden.

Warum haben solche Partnerschaften selten eine Chance auf dauerhaftes Glück? Meist treten bei demjenigen, der einen Partner zur Abgrenzung vom Elternhaus wählt, nach anfänglich euphorischen Gefühlen sehr schnell Schuldgefühle ein, die sehr stark werden können. Manchmal werden diese Schuldgefühle nicht bewusst, sondern somatisiert, das heißt über körperliche Beschwerden umgeleitet. Diese Schuldgefühle zeigen, dass er oder sie das Wertsystem der Eltern noch in sich trägt, und zwar viel mehr, als ihm oder ihr lieb ist. Schuldgefühle sind eine Form, sich selbst für ein Fehlverhalten zu bestrafen, das Gewissen schlägt zu und lässt den Betroffenen nicht zur Ruhe kommen. Söhne und Töchter können sich einhundert Mal am Tag sagen, dass sie diese Schuldgefühle nicht haben müssen, dass sie im Recht sind, dass die Eltern die Schuld tragen und sie heute die gerechte Strafe erhalten: Es hilft nichts. Die Schuldgefühle zeigen die moralische Bindung an die Eltern an und machen deutlich, dass die alten familiären Konflikte nicht durch die Wahl eines Partners, der dann einen Stellvertreterkrieg gegen die eigenen Eltern führt, aus der Welt geschaffen werden können.

Sobald der Konflikt offen ausgetragen wird, verändern sich die Beziehungen. Die Eltern wenden sich von dem rebellischen Kind ab, auch wenn es dessen Partner war, der die Konflikte herbeigeführt hat. Die Sanktionen sind manchmal brutal und wenig differenziert. Das abtrünnige Kind bekommt keine materielle Unterstützung mehr, die Kontakte werden abgebrochen, und der gesamte Familien- und Verwandtenkreis wird ultimativ vor die Alternative gestellt: Entweder Ihr haltet zu uns, dann brecht Ihr auch den Kontakt zu diesem bösen Kind ab, oder Ihr seid auf der anderen Seite, dann müsst Ihr auch alle Konsequenzen tragen. Eine Mitte gibt es nicht, Ihr müsst euch entscheiden! Die Sanktionen sind hart, und manchmal fühlt sich der so behandelte Erwachsene wieder als hilfloses Kind, alle erwachsene Stärke ist verflogen und der gewählte Partner soll dann die entstandenen emotionalen Löcher stopfen, die der Konflikt mit den Eltern gerissen hat. Ohnehin ist die Partnerschaft durch solche Konflikte nur kurzfristig und scheinbar gestärkt. Denn das Motiv der Partnerwahl kann sich nicht nur gegen die Eltern, sondern auch gegen den Partner wenden.

In der Sitzung hatte Kai gesagt, dass er das Kämpferische an Ute so liebe. Schon ein Jahr später hat sich dieses Kämpferische gegen ihn gewandt. Ute hat sich nicht nur seinen Eltern gegenüber so gezeigt, sondern diese Qualitäten auch in die Beziehung zu Kai eingebracht. Und da Kai nicht besonders konfliktfähig war, hatte er große Schwierigkeiten, sich mit der kämpferischen Ute auseinanderzusetzen. Das Schlimmste aber war für Kai der Moment, in dem er feststellte, dass er von Ute Loyalität, Anpassung und sogar Unterordnung verlangte, dass sie aufhören zu kämpfen und sich fügen sollte, denn das war die zentrale Forderung seines Vaters an seine Mutter gewesen und dafür hatte er seinen Vater als kleiner Junge immer gehasst. Jetzt redete er genauso wie sein Vater, im gleichen Tonfall und mit den gleichen Formulierungen. Erst da merkte er, wie sehr sein Vater noch in ihm steckte, obwohl er schon lange nicht mehr mit ihm gesprochen hatte, wie sehr er seine Eltern noch in sich trug und wie stark er noch von ihren Werten geprägt war. Eine sehr schmerzliche Erkenntnis, die aber immerhin eine war, und damit war er auf dem Weg der Besserung.

Lebe du die Liebe, die ich nicht leben konnte!

Man kann sich einen Partner wählen, um sich damit von den Eltern abzugrenzen, weil man meint, diese verspätete Ablösung allein nicht schaffen zu können. Der Trugschluss wird erst spät erkennbar: Die Ablösung von den Eltern kann nicht dadurch hergestellt werden, dass man an das andere Ende des Landes zieht oder dass man sich einen

Partner sucht, der stellvertretend den Kampf mit den Eltern aufnimmt. Es existieren weiterhin innere Bindungen an die Eltern. Solche Bindungen bestehen in den gleichen moralischen Werten, in einer ähnlichen Wahrnehmung und Bewertung der Welt oder in den gleichen Bedürfnissen und Arten ihrer Befriedigung. Der Schauplatz für die Ablösung ist immer ein innerer und er muss von der Person selbst geführt werden, weil er keine Stellvertreter zulässt. Wer dies nicht erkennt, bleibt in der Bindung, manchmal ein Leben lang.

Eine ganz besondere Variante der Bindung besteht dann, wenn es sich um eine Delegation handelt. Hierbei wird das gebundene Kind mit einem Auftrag in das Leben scheinbar entlassen. Das Kind glaubt fest daran, dass es aus eigenen Motiven und Bedürfnissen heraus handelt, bleibt aber dennoch gebunden und handelt im Auftrag der Eltern. Kann man sich im Auftrag der Eltern, des Vaters oder der Mutter auch einen Partner suchen? Man kann sich auch einen Partner im Auftrag der vorherigen Generation wählen und damit etwas fortsetzen, was die Eltern angefangen haben. Dies wäre eine klassische Delegation. Das betroffene Kind kann dabei aber nicht glücklich werden, weil es nicht das eigene Leben lebt, sondern nur einen Auftrag. Eine Delegation ist äußerst subtil und meistens haben die Betroffenen gar nicht das Gefühl, ihr Handeln hätte überhaupt irgendetwas mit ihren Eltern zu tun, sie würden es sogar weit von sich weisen. Erst wenn die Scham und die Verwirrung über das eigene Leben sie einholt und sie nicht mehr schlafen lässt, werden sie nachdenklich.

Zeruya Shalev hat einen wundervollen und zugleich bedrückenden Roman über eine solche Delegation mit dem Titel „Liebesleben" (2004) geschrieben. Es ist die Geschichte einer jungen Israelin, die sich selbst zunächst in einer Amour fou verliert, um sich damit erst wirklich zu finden.

Ihre Mutter liebte einen Mann, als sie so alt war wie die Tochter heute. Sie lernte ihn als Krankenschwester kennen, verliebte sich in ihn, blieb aber trotz ihrer Liebe nicht bei ihm, weil sie von seiner Krankheit wusste, durch die er keine Kinder bekommen konnte. Sie wollte Kinder bekommen und das konnte sie nicht mit ihm. Er aber wusste nicht, warum sie sich von ihm trennte.

Dreißig Jahre später trifft die Tochter aus einer späteren Beziehung diesen Mann, ohne ihn zu kennen und zu wissen, wer er ist. Sie verliebt sich in ihn, obwohl sie verheiratet ist, und beginnt eine verhängnisvolle Affäre mit ihm. Sie verfällt ihm, vor allem sexuell, und ist ihm hörig. Sie scheint machtlos und ohnmächtig dieser Liebe ausgeliefert. Zunächst leben sie nur eine sprachlose sexuelle Leidenschaft, die Sprache und das Sprechen kommen nur langsam und verwirrend hinzu. Sie weiß nur, dass er ihr Vater sein könnte. Nach dem Tod der Ehefrau des Geliebten zieht sie für ein paar Tage zu ihm, obwohl oder weil ihr eigener Ehemann die Hochzeitsreise nach Istanbul nachholen will. Sie lebt tagelang im Schlafzimmer des Geliebten eingesperrt, während in der restlichen Wohnung die Trauerfeierlichkeiten und Kondolenzbesuche stattfinden. Unter den Gästen befinden sich auch ihre eigenen Eltern. Sie findet im Schlafzimmer eine Schachtel mit Fotos der Frauen seines Lebens, die er alle mal geliebt hat, darunter auch ein Bild ihrer Mutter. Sie bindet sich die Haare zu einem Zopf, wie ihre Mutter ihn auf dem alten Bild trug. Es war die Zeit, bevor ihr kleiner Bruder starb. Die Ähnlichkeit mit ihrer Mutter ist frappierend. Als der Geliebte sie so sieht, mit den zum Zopf gebundenen Haaren, wird er wütend, löst ihr den Zopf mit Gewalt und beginnt, über die Beziehung zu ihrer Mutter zu reden.

Für die junge Frau ist die Frage quälend, warum sie diesem Mann so verfallen ist. Als er über die Liebe zu ihrer Mutter zu sprechen beginnt, erkennt sie die Antwort. Er war nicht nur die Liebe des Lebens ihrer Mutter, die sie nie ausgelebt hat, sondern ist bis heute auch ein intimer Freund ihres Vaters.

Am Ende sitzt sie allein, zwischen den Männern. Mit dem Ehemann kann und will sie nicht mehr zusammen sein, weil er ihr altes Leben bedeutet. Wenn sie eines Tages wirklich anfangen will, ihr eigenes Leben zu leben, dann geht das nicht mehr mit dem Ehemann. Mit dem neuen Liebhaber kann sie aber auch nicht mehr zusammen sein, weil er ihr nach den Geständnissen über ihre Mutter fremd geworden ist. So zieht sie sich ein weißes Kleid an, fährt zum Flughafen, um ihren Ehemann von der Reise nach Istanbul abzuholen, die er ohne sie gemacht hat, lässt ihn aber an sich vorbeigehen, ohne sich zu erkennen zu geben. Sie hat kein Zuhause mehr, fährt zur Universität, lässt sich in der Bibliothek einschließen und schläft dort auf dem Fußboden ein, wo sie einst ihren Mann kennen lernte.

Ein komplizierter Neuanfang in das eigene Leben. Die Delegation wurde ausgelebt, die junge Frau lebt nicht mehr das Leben und die Liebe der Mutter, aber in ihr altes Leben kann sie auch nicht zurückkehren. Sie hatte sich einen Partner gesucht, der nicht wirklich zu ihr passte, hatte einen Geliebten gefunden, mit dem sie die unerfüllte und nicht gelebte Liebe ihrer Mutter ausgelebt hat, und steht nun vor den großen Fragen: Wer bin ich eigentlich, was will ich mit meinem Leben machen und vor allem: Wen liebe ich? Was ist meine Liebe des Lebens, wer passt zu mir, wen wähle ich, nachdem ich den Auftrag meiner Mutter erfüllt habe.

Das Kind kam, die Liebe ging

Man kann einen Partner wählen, der hilfreich erscheint bei der Ablösung von den eigenen Eltern, weil er oder sie Fähigkeiten oder Eigenschaften hat, die dem anderen fehlen. Man kann aber auch einen Partner wählen im unbewussten Auftrag der Eltern: Lebe du die Liebe, die ich nicht leben konnte. Und man kann einen Partner suchen und wählen, weil man Vater oder Mutterwerden möchte, obwohl – oder weil – man nicht an eine dauerhafte und glückliche Partnerschaft glaubt. Dann sucht man nach einem Partner, der einen offenen oder verdeckten Kinderwunsch hat und sich auch fragt, wie zugleich Partnerschaft gehen kann. Der Pakt eines solchen Paares hieße: Lass uns zu einem Paar werden, damit wir ein Kind bekommen können. Dabei wird ein Kind nicht als eine Verlängerung der großen Liebe angesehen, sondern als Verlängerung des eigenen Lebens. Nicht die Liebe steht damit im Vordergrund der Partnerschaft, sondern der Wunsch und Wille, ein Kind zu bekommen, Mutter oder Vater zu werden – ohne den Glauben an die Möglichkeit einer Paarbeziehung.

Dies ist beinahe normal. Für alle Paare erscheint es besonders schwierig, die Metamorphose von der Partnerschaft zur Elternschaft zu überleben, genauer gesagt: als Paar ein Kind zu bekommen, damit Eltern zu werden, aber dennoch die Paarbeziehung nicht ganz zu verlieren. Es gibt eine schöne Geschichte von der Liebe zwischen dem Gott Shiva und seiner Frau Shakti. In der indischen Mythologie haben es die Liebenden geschafft, vom Paar zum Elternpaar zu werden und sich dennoch als Liebespaar nicht zu verlieren. Allerdings musste Shiva dazu erst sterben, um danach wiedergeboren zu werden. Was aber, wenn das Motiv der Partnerwahl nur darin besteht, einen anderen Menschen zu finden, mit dem man ein Kind haben kann? Dann wäre die Paarbeziehung mit der Erfüllung des Kinderwunsches beendet. Dann würde die Liebe gehen, wenn das Kind gekommen ist. Dies ist dann die Geschichte von Andreas und Maria.

Sie kamen zu mir in die Paartherapie, weil ihre Liebe erloschen war, als das Kind auf der Welt war. Sie liebten ihr Kind, sorgten sich beide rührend um sein Wohlergehen, aber sie konnten ihre Partnerschaft nicht mehr leben. Ihre Leidenschaft war erloschen. Sie waren traurig und verstört darüber und fragten sich beide, wo, wann, wie und vor allem warum sie ihre Liebe verloren hatten.

Beide kannten sich schon lange, waren Freunde in der gleichen Clique gewesen, die sich nach der Arbeit traf und alljährlich gemeinsam zum Skilaufen fuhr. Die Gruppe war entstanden in Studienzeiten, einige Freunde von damals waren noch dabei und viele neue waren hinzugekommen. Man traf sich auf Partys und Festen, nahm Anteil an den Sorgen im Job, der Karriereplanung, den Beziehungen der anderen. Mal hatte Andreas eine Freundin und sprach über seine Liebesprobleme auch mit Maria, mal hatte Maria einen neuen Freund, der sich aber nicht wirklich auf sie einlassen konnte, und so redete sie mit dem brüderlichen Andreas über die Unergründlichkeit der Männer.

Irgendwann hatten weder Andreas noch Maria eine feste Beziehung, als die jährliche Skireise anstand, aber das machte nichts, denn sie hatten gemeinsam in der Gruppe Spaß. Alle waren gute Skifahrer und man traf sich bei den „Pflümlibuden" auf halbem Wege am Berg. Abends ging man zusammen in die Sauna und anschließend zum großen gemeinsamen Abendessen, nach dem man noch lange beieinanderhockte. An solch einem Abend passierte es. Andreas und Maria gingen zusammen auf ihre Zimmer und plötzlich küsste Andreas Maria so zärtlich zur guten Nacht, dass sie den Kuss erwiderte. Die Leidenschaft überkam sie beide, und als sie mir die Geschichte leicht errötet in der Paartherapie erzählten, musste ich an das Lied denken, in dem es heißt: „Tausend Mal berührt, tausend Mal ist nix passiert, tausend und eine Nacht und es hat Zoom gemacht." Nach der Skireise waren sie zusammen. In der Gruppe hatten sich zunächst alle gewundert und an einen One-Night-Stand geglaubt, aber als sie merkten, dass die beiden wirkliche Zuneigung empfanden, haben sich alle gefreut, denn Andreas und Maria waren beide sehr beliebt. Sie trafen sich weiter zu Hause und Maria wurde schwanger, ungeplant. Beide freuten sich riesig auf das Kind und begannen nun die Vorstellungstour durch ihre Elternhäuser. Die werdenden Großeltern reagierten positiv auf die Partnerwahl ihrer Kinder und man beschloss, eine gemeinsame Reise zu machen, um sich kennen zu lernen. Maria war eine glückliche werdende Mutter und obwohl die zukünftigen Eltern nicht zusammen wohnten, sahen sie sich täglich. Sie suchten in der geografischen Mitte zwischen ihren beiden Wohnorten eine gemeinsame Wohnung, die sie sechs Wochen vor dem errechneten Geburtstermin bezogen. Alles ging weitgehend konfliktfrei und unkompliziert voran. Andreas war bei der Geburt dabei. Maria stillte, Andreas ging arbeiten und verbrachte jede freie Minute mit seiner kleinen Familie. Einige Wochen später meldete sich die Lust bei Andreas. Maria gab seinem Drängen nach, aber irgendetwas war anders, beide merkten es. Die Leidenschaft war weg. Maria hatte kaum noch das Bedürfnis, mit Andreas zu schlafen, und er hatte zwar noch Lust, aber nicht mehr wirklich auf sie. Die Sexualität schlief ein, ohne große Anklagen gegen den anderen. Sie küssten sich noch, sie liebten ihr Kind, das sich prächtig entwickelte, sie fuhren zu den Schwiegereltern, sie kauften einen neuen Caravan, dessen Anschaffung von den Großeltern gesponsert wurde, aber ihre Paarbeziehung hatte sich geändert. „Irgendwie wurden wir wie Bruder und Schwester, ohne es zu merken." Er redete mit seinen Freunden, die ihm bestätigten, dass es bei ihnen auch so gelaufen war. Von ihnen bekam er beim Bier gute Ratschläge. Aber als er ins Bett ging, drehte er sich auf die Seite und schlief ein. Sie besprach das lautlose Verschwinden der Liebe und Leidenschaft mit ihren Freundinnen. Keine war in ihrer Beziehung wirklich glücklich, alle spotteten über die Männer und eine Freundin machte den Vorschlag, doch gemeinsam mit den Kindern in ein Haus zu ziehen und nur an den Wochenenden die Männer zu empfangen, nachdem man gemeinsam um die Häuser gezogen war. In der Paarbeziehung zwischen Andreas und Maria war Sprachlosigkeit eingekehrt. Eines Abends brüllten sie sich dann doch an, sie merkten, dass es so nicht weitergehen konnte. Sie beschlossen, es mit einem gemeinsamen Urlaub zu versuchen. Das Kind wollten sie auf dem Weg in die Ferien für eine Woche bei der Oma abgeben. Sie fuhren wieder in die Berge, auf der Suche nach dem verlorenen Glück, liefen zusammen Ski, lagen abends nebeneinander im Bett und hatten beide keine Lust, miteinander zu schlafen. Maria meinte, sie hätten wieder eine Beziehung wie sie vorher einmal war, als sie nur Freunde waren. Glücklich waren sie immer dann, wenn sie an ihren Sohn dachten, und deshalb fuhren sie auch vorzeitig aus dem Urlaub zurück. Schon auf dieser Rückfahrt wussten sie, dass sie sich trennen würden, aber sie wollten es noch einmal mit einer Paartherapie versuchen. Nicht unbedingt, um wieder ein Paar zu werden, daran glaubten sie schon lange nicht mehr, aber zumindest, um herauszufinden, was passiert war.

Maria war ein Trennungskind gewesen, das allein bei seiner Mutter groß geworden war, und Andreas kam aus einer Familie, die vom tyrannischen Vater beherrscht wurde. Er hatte sich oft gewünscht, dass seine Mutter sich trennen würde, und er hatte sich immer fest vorgenommen, als Vater alles anders zu machen als sein eigener Vater. Beide hatten kein Modell einer funktionierenden Familie kennen gelernt, in der die Eltern auch als Paar erkennbar waren. Für Andreas schien das Modell der Ursprungsfamilie von Maria wie die Lösung der Probleme seiner eigenen Familie: Hier wäre es schön gewesen, wenn seine Mutter sich getrennt hätte und mit ihm allein gelebt hätte. Maria hatte gespürt, dass Andreas sich innerlich sehr mit der Frage beschäftigte, wie und was ein guter Vater ist, das hatte sie so bei einem Mann noch nie erlebt. Andreas verstand kurioserweise Maria sehr gut, wenn sie davon sprach, das Kind auch allein großziehen zu können, wollte aber den Beweis antreten, dass er ein guter Vater sein konnte. Sie gab ihm ausreichend Gelegenheit dazu und damit war ihre Beziehung da angelangt, wo sie scheinbar sein sollte: einer allein erziehenden Mutter und einem guten, sorgenden Vater, der täglich zu ihr und dem Kind kam. Sie hatten die Elterlichkeit reinszeniert und dabei die Paarbeziehung ebenso verloren wie ihre beiden Eltern auch. Sie hatten ein Kind bekommen, woran sie beide vorher nicht geglaubt hatten: Er hatte keine Familie haben wollen, denn seine persönlichen Erfahrungen waren schrecklich gewesen, und sie hatte sowieso niemals an das Projekt Familie geglaubt, nur an die Stärke allein erziehender Mütter. Beide waren schon Ende dreißig und hatten sich das Kind sehnlich gewünscht. Noch ein Jahr nach Beendigung der Paartherapie lebten sie so weiter, in getrennten Wohnungen, die nahe beieinanderlagen. Sie hatten beide keine neuen Partner, sahen sich täglich und sorgten für das Kind. Vielleicht war ihre Begegnung die einzige Möglichkeit gewesen, ein Kind zu bekommen, denn tief im Innern hatten beide keinen Glauben an die Möglichkeit, eine dauerhafte und glückliche Partnerschaft leben zu können. Und auch damit zeigten sie, dass sie beide noch gebunden waren an ihre Elternhäuser. Sie hatten aus Angst vor der Wiederholung der Geschichte eine tiefere Partnerschaft vermieden, denn Partnerschaft war für sie entweder eine kurze Beziehung, die in Trennung endet, oder eine lange, die aus einem Martyrium zwischen Herrschaft und Ohnmacht besteht. Partnerschaftlich war eine Beziehung für sie nur theoretisch denkbar. So hatten sie die Paarbeziehung einschlafen lassen, bevor sie in Trennung oder im Schmerz endet. Das war der innere Kompromiss, zu dem sie in der Lage waren, und sie spürten ihre Angst vor einer Partnerschaft noch heute. So haben sie sich unbewusst darauf verständigt, liebevolle Eltern zu sein. Und haben sie damit bewiesen, dass es anders geht, als sie selbst es als Kinder erfahren haben. Ob dies wiederum mehr oder besser ist, müssen sie selbst beurteilen. Aber sie haben es immerhin geschafft, trotz ihrer Erfahrungen ein Kind zu bekommen und damit Eltern zu werden. Und das ist eine beachtliche Leistung, wenn man an Partnerschaften grundsätzlich zweifelt.

Gewähltes Unglück

Die Wahl des zerstörerischen Partners

Warum wählen manche Menschen ihr eigenes Unglück? Welche Motive bringen sie dazu, sich Partner zu suchen, die sie immer wieder seelisch oder auch körperlich verletzen, und das nicht nur einmal, sondern wiederholt? Kann die Liebe so stark sein, dass man all die Erniedrigungen und das wiederholte Scheitern in Kauf nimmt? Häufig haben sie das gleiche Spiel schon mehrfach durchlebt und durchlitten und dennoch bleiben sie bei ihrem Partner, kehren zu ihm zurück oder suchen sich genau so einen wieder aus. Manchmal sind es sogar endlose Zirkel von Verletzung, Versöhnung, Verzeihung und neuerlicher Verletzung. Nehmen sie all diese negativen Seiten in Kauf, weil die positiven Seiten überwiegen? Als ich eine von ihrem Mann wiederholt misshandelte Frau fragte, warum sie nun doch wieder zu ihm zurückkehre, obwohl er ihr noch vor wenigen Wochen beim letzten Streit den Arm gebrochen hatte, antwortete sie: „Ich weiß, Sie haben ja Recht. Aber ich habe immer wieder die Hoffnung, dass er sich bessern wird und dass ich es schaffe, ihn zu verändern. Er hat gesagt, ohne mich könne er nicht leben. Sicher gibt es viele Männer, die alle liebevoller und besser zu mir wären, aber die finde ich alle so langweilig."

Anscheinend gibt es zum Verständnis eines gewählten Unglücks zunächst einmal zwei Zugänge: Bleiben die Menschen bei diesen Partnern, weil sie sie lieben und deshalb alles ertragen, oder lieben sie auch und gerade deshalb, weil sie so schlecht behandelt werden? Das klingt kurios und widersinnig, aber bisweilen werden Partner gewählt, die nicht guttun oder gar verletzen, weil nur diese Partner ein bislang ungelöstes Lebens- und Liebesthema repräsentieren. Wer so sein Unglück wählt, trägt tief in seinem Innern immer noch die Überzeugung, dass er nicht liebenswert ist. Und wer auf einen Partner trifft, der ihn mit seiner Liebe überschüttet, fühlt sich meist gar nicht gemeint. Zum negativen Selbstbild passen dann nur die Unglück bringenden Partner. Eine besonders extreme Form ist der zerstörerische Partner.

Die Wahl des zerstörerischen Partners

Manche Menschen verletzen sich selbst, reißen sich die Haare aus, ritzen sich die Arme auf oder schneiden sich. Man kann dies alles selber machen, oder man kann sich einen Partner suchen, der diese unangenehme Aufgabe übernimmt. Dann passen beide auf wundersame und verdrehte Art zusammen, weil sich die aggressive Bestrafungslust des einen Partners und die schuldbeladenen Strafbedürfnisse des anderen ergänzen. So eine Paarbeziehung kann man durchaus als klassisch sadomasochistisch bezeichnen und es ist nicht einfach, dieses Muster aufzulösen, denn beide passen wirklich gut zueinander und nennen das auch noch Liebe. Hätten sie einander nicht, dann hätten sie wirklich ein Problem, denn dann wüsste der strafende Partner nicht, wohin mit seinen Aggressionen, und der strafbedürftige müsste sich zur Not die Schmerzen und Verletzungen selber zufügen.

Vor einiger Zeit kamen eine Frau und ein Mann in meine Praxis, die beide blendend aussahen. Diese äußerliche Schönheit passte so gar nicht zu dem, was sie mir erzählten. Die Frau hatte massive aggressive Ausbrüche und schlug dann mit allem, was ihr in die Finger kam, auf den Mann ein, oder rannte mit Messern hinter ihm her. Er versuchte sich so zu verteidigen, dass er nicht übermäßig verletzt wurde. Einmal hatte sie versucht, ihn nachts mit einem Kissen zu ersticken; sie hatte nicht schlafen können und dann über ihn nachgedacht. Dabei hatte sie sich an seinen Flirt mit einer ihrer besten Freundinnen erinnert und war dann so unglaublich wütend geworden, dass sie noch in der Nacht beschloss, sich zu rächen. Sie hatte nicht vor, ihn umzubringen, sie musste nur ihre Wut rauslassen. Aber sie bestand darauf, dass sein Fehlverhalten ihr die Berechtigung für ihre Aggressionen lieferte. Sie schoss dabei manchmal über das Ziel hinaus, aber aus ihrer Sicht war seine ständige Untreue das Hauptproblem. Er war groß und kräftig, und nur dieser Tatsache verdankte er, dass er die nächtliche Attacke überlebte. Sie dagegen war klein und zierlich, aber wenn man sie reizte, konnte sie die Kontrolle über sich verlieren, ausrasten und ihrer unbändigen Wut freien Lauf lassen. Ein Kollege hatte ihr die Diagnose Borderline-Persönlichkeitsstörung gegeben und eine längere psychiatrische Behandlung empfohlen. Daraufhin hatte sie ihm den Schreibtisch umgekippt und war gegangen. Dies wiederum hatte der Kollege als schnellste je erlebte Bestätigung einer Verdachtsdiagnose interpretiert und zufrieden seinen Schreibtisch wieder hergerichtet.

Eines Tages kam der Mann zu einem extra vereinbarten Einzelgespräch zu mir und zeigte mir seine neueste Verletzung. Seine Freundin hatte ihm auf dem Unterarm eine Zigarette ausgedrückt. Er zeigte sie mir wie eine Trophäe, denn sie zeigte ja, dass nicht er der verstörte und behandlungsbedürftige Partner war, sondern seine Freundin. Das war endgültig durch diese Affekthandlung erwiesen, sie hatte ihre Aggressionen einfach nicht unter Kontrolle. Er war zu einer Einzelsitzung gekommen, weil er mir stolz seinen Entschluss mitteilen wollte, sich von ihr zu trennen, und um mit mir zu überlegen, wie er diesmal die Trennung so hinkriegen könne, dass sie auch wirklich haltbar war, denn das hatte er mindestens ein Dutzend Mal schon versucht.

Er hatte mit Freunden in einer Kneipe gesessen und ein Glas Wein getrunken, als seine Freundin hereinplatzte, ihn beschimpfte und ihm nach einem heftigen Streit ihre Zigarette auf dem Unterarm ausdrückte. Wir besprachen, wie er sich trennen könne, ohne danach die ganze Zeit befürchten zu müssen, auf offener Straße attackiert zu werden. Er wollte den Kontakt zu einer Affäre wieder aufnehmen, denn, so sagte er, wenn seine Freundin ihn noch einmal mit einer anderen Frau sehe, würde sie die Beziehung sicher endgültig beenden. Vor diesem Moment hatte er jedoch große Angst, er erwog, danach für einige Zeit unterzutauchen.

In der nächsten Stunde stand er gemeinsam mit ihr vor der Tür. Er könne halt nicht anders, er liebe sie nun mal, sagte sein Blick. Ihr Blick war von Schuld und Unruhe geprägt. Sie gestand ihre tiefe Liebe zu diesem Mann und sagte, dass sie sich immer wieder von dieser Liebe bedroht fühle. Das ist nicht unlogisch, denn sie hatte Verschmelzungswünsche und musste sich immer wieder distanzieren und dabei gleichzeitig ihre Wut loswerden. Danach gehe es ihr besser, aber zugleich habe sie ein schlechtes Gewissen. Auch er betonte, dass es ihm nach solchen Attacken gutgehe, er habe dann keine Schuldgefühle mehr, unter denen er sonst so leide.

Das Paar stellte eine grandiose Einheit dar. Wenn ich einem von beiden zu nahe kam, verteidigte ihn der andere, und so schützten beide ihre Symbiose. Wir haben lange Pausen zwischen den Sitzungen vereinbart. In der letzten Therapiestunde sagte er lächelnd zu mir, er habe mit ihr seine gerechte Strafe gewählt. Sein Vater hatte ihn beständig als Versager bezeichnet und mit Prügel bestraft. Worin bestand die Gerechtigkeit dieser Strafe?

Die Partnerwahl und das Trauma

Manchmal haben Menschen Erfahrungen in ihrem Leben zu erleiden, die fürchterlich sind. Das Schlimmste daran sind aber nicht die Erlebnisse selbst, so schmerzlich sie auch sein mögen, sondern die Folgen, die sich daraus für ihr ganzes späteres Leben ergeben können. Menschen mit schweren traumatischen Erlebnissen lernen manchmal nur zu überleben, aber nicht wirklich unbeschwert und genussvoll zu leben. Eine der wirkungsvollsten Überlebensstrategien bei chronischen traumatischen Erlebnissen sind Dissoziationen. Manchen Menschen gelingt es, ihre Psyche zu retten, indem sie den Körper mit seinen Schmerzen mental verlassen. Eine Klientin hat es einmal so formuliert: „Meinen Körper konnte er nehmen, dagegen konnte ich nichts machen, aber meine Seele, *mich*, konnte er nicht kriegen. Dann bin ich währenddessen immer in andere Gedanken gegangen und hab es geschehen lassen."

Wir alle kennen Dissoziationen aus unserem Alltag, beispielsweise Tagträume. Wir sitzen irgendwo unter Menschen und beginnen zu träumen, verlassen dabei in unserem inneren Erleben die reale Situation und träumen vor uns hin. Es kommt vor, dass wir so sehr in unseren Tagträumen aufgehen, dass wir uns nachher wundern, wo wir eigentlich sind und was wir da machen. Oder wir fahren stundenlang auf der Autobahn und denken dabei an bestimmte Situationen aus dem letzten Urlaub, an den Geburtstag eines Freundes oder ein erotisches Erlebnis. Wir sind dann etwas in Trance und müssen uns immer wieder auf den Verkehr konzentrieren. Und besonders quälend sind die Gedanken an den geliebten Partner, wenn wir uns einsam und verlassen fühlen. Dann können die Gedanken so stark werden, dass wir mehr in ihnen leben und fühlen als in der Wirklichkeit, die uns umgibt. Daran merken wir dann die Kraft der inneren Bilder.

Dissoziationen sind menschlich, aber die Gründe dafür können manchmal unmenschlich sein. Eine meiner Patientinnen, Diana, war jahrelang von ihrem Stiefvater sexuell missbraucht worden. Als sie sich ihrer Mutter schließlich eröffnete, trennte diese sich bald danach von dem Mann. Das wiederum verursachte Schuldgefühle bei Diana. Dabei hatte sie Glück gehabt, denn oft streiten die Mütter Missbrauchsvorwürfe gegen ihre Partner ab. Einmal habe ich es erlebt, dass eine Mutter ihrer Tochter, die sich ihr anvertraute, antwortete: „Wie konntest du uns das antun!" Wer hatte denn da wem etwas angetan? Dianas Mutter sagte, sie habe alles nicht mitbekommen, denn sie ging abends zur Arbeit und kam erst nachts nach Hause. Sie dachte, der Mann habe sich liebevoll um die Tochter gekümmert. Diana hatte sich nach ihrem Vater gesehnt, seit ihre Mutter sich von ihm getrennt hatte. Als der Stiefvater sich dann „liebevoll" um sie sorgte, konnte sie nicht wissen, dass dies die gezielte und sorgfältige Vorbereitung zum sexuellen Missbrauch war, ein perfides Vorgehen, das in Fachkreisen „grooming" genannt wird. Dabei werden langsam die Grenzen verschoben. Diana lernte, sich in den schmerzlichen Situationen wegzuträumen. Sie hat sich geschämt vor sich selbst, fand sich schmutzig und dreckig, und hat dennoch nichts dagegen unternommen: Sie befand sich in einem „Schamdilemma" (Leon Wurmser). Erst als sie erwachsen war, hatte eine Therapeutin ihr helfen können.

Diana hatte Tim vor drei Jahren kennen gelernt und kam mit ihm zu mir, weil sie Schwierigkeiten hatten, den partnerschaftlichen Alltag zu leben. Ich habe das Therapieziel in die Frage gekleidet: Wie geht eine gute emotionale Nähe? Und beide haben mir zugestimmt, diese Formulierung sei genau richtig. Tim war einer der wenigen Männer, denen sich Diana anvertraut hatte, und auch ich bedankte mich für das Vertrauen, das sie mir entgegenbrachte, als sie mir ihre Geschichte erzählte. Sie erzählte von dem Drama mit ihrem Stiefvater, das sie vom achten bis dreizehnten Lebensjahr durchgemacht hatte, als ob es die Geschichte einer anderen wäre. Sie hat die Geschichte gespeichert, aber ohne die dazugehörigen Gefühle. So hat sie überlebt, aber der Preis dafür waren eine Abspaltung ihrer Gefühle von Erlebnissen und Handlungen, ein grundsätzlicher Zweifel an sich selbst und ihrer eigenen Wahrnehmung, tiefe Schuldgefühle, Ängste und Panikattacken.

Diana konnte nur bei Licht schlafen, war immer angespannt und reagierte auf die kleinsten nächtlichen Geräusche, indem sie hochschreckte und lange nicht einschlafen konnte. Sie dachte immer: Jetzt kommt er wieder und ich muss es ertragen, ich bin machtlos. Dann hat sie Tim geweckt, der mit ihr sprach. Manchmal hat sie wochenlang nachts nur wenige Stunden geschlafen. Die Sexualität des Paares war sehr kompliziert, bestimmte Erlebnisbereiche und Praktiken waren tabu. Diana brauchte jederzeit die Situationskontrolle, konnte sich nicht fallen lassen und anvertrauen, diese Fähigkeiten hatte ihr Stiefvater zerstört.

Diana hatte sich Tim ausgesucht und damit eine sehr gute Wahl getroffen, denn Tim drängte sie nicht, war sehr vorsichtig und behutsam mit ihr, kannte ihre Schreckhaftigkeit und konnte mit ihrer Panik umgehen, die sie immer noch in bestimmten Momenten überwältigte. Und auch Tim hatte mit Diana eine Frau gefunden, die ausgezeichnet zu ihm passte. Tim hatte einen abwesenden Vater und eine emotional kalte Mutter, der er sich völlig ausgeliefert fühlte. Seine Mutter hatte ihn beständig kontrolliert und seine Autonomieentwicklung nahezu unterbunden. Er war ihr Vertrauter, musste ihr alles erzählen und sie erzählte ihm alles. Das meiste davon wollte er gar nicht hören, weil es von der Einsamkeit und Verzweiflung seiner Mutter und der Brutalität seines Vaters handelte. Sie sah in ihm nicht den Sohn, sondern den Partnerersatz, den Sinn ihres Lebens, ihre Gegenwart und Zukunft. Ich habe mich immer wieder gefragt, wie er dennoch persönliche und soziale Kompetenzen erlernt hat, wie er Freunde kennen lernen und die Schule meistern konnte. Tim ist seinem tristen Käfig entflohen, indem er las, wann immer er sich den Fängen der Mutter entziehen konnte. Wenn er Kopfschmerzen hatte, dann hat sie ihn in Ruhe gelassen, denn sie hatte auch stets welche und wusste daher, dass Alleinsein helfen kann. Also hat er sich in sein Zimmer zurückgezogen und gelesen, alles, was er zwischen die Finger kriegen konnte. Distanz und Einsamkeit hatten für ihn nichts Bedrohliches, sondern waren lebendig, voller Geschichten, das war das Leben für ihn. Als er seine erste Freundin hatte und sie sich mit ihm treffen, ihn küssen, ihm nah sein wollte, von Beziehung und Zusammenziehen sprach, bekam er noch am selben Abend einen Asthmaanfall. Allein die Vorstellung an eine so intensive Nähe zu einer Frau nahm ihm die Luft. Diana war anders. Sie liebte ihn still, bedrängte ihn nicht, war sehr vorsichtig. Als er dann ihre Geschichte erzählt bekam, eines Nachts auf der Bettkante, als sie mal wieder nicht schlafen konnte und sie still weinte, da hat er verstanden, warum sie den Abstand zu ihm wahrte.

Beide schrieben sich viele SMS, manchmal Dutzende an einem Tag. Ihr gemeinsames Thema war die Frage, wie sie trotz der Verletzungen und Einschränkungen, die sie in der Nähe zu anderen Menschen erlebt hatten, als Paar Nähe leben konnten.

Warum haben sich beide nicht jeweils einen Partner ausgesucht, der besonders erfahren darin war, Nähe herzustellen, einen emotionalen, warmherzigen Menschen? Warum haben sie einen Partner gesucht und gefunden, der weit entfernt ist, auch wenn er nah ist, der die Distanz und die Einsamkeit liebt? Wie kann man als einsamer Mensch von einem ebenso einsamen lernen, wie Gemeinsamkeit und Nähe funktionieren? Das klingt alles widersinnig, ist aber logisch. In der Einsamkeit und Distanz liegt für beide die Sicherheit, nicht wieder erdrückt oder verletzt zu werden. Das ist das Erste und Wichtigste, was sie brauchen. Aber nun kommt der schwierige Übergang von der sicheren Distanz zur emotionalen Nähe.

Sie lebten in getrennten Wohnungen, trafen sich zu verabredeten Zeiten bestimmten Orten und immer war es Diana, die das Wann und Wo und Wie bestimmte. Das war für Tim schwierig, für ihn war es wieder eine Frau, die über sein Leben bestimmte, alles in ihm sträubte sich dagegen. Er verstand ihr Leiden, war als Mann liebevoll und vorsichtig, aber ihr Kontrollbedürfnis machte ihn wahnsinnig und er bekam wieder Kopfschmerzen, zog sich zurück und war für sie nicht mehr erreichbar. Sie führten eine Beziehung im Niemandsland: fern genug, um es ertragen zu können, und zu weit entfernt, um wirkliche Nähe zu leben. Beide zogen sich immer wieder in die Schneckenhäuser ihrer Einsamkeit zurück, wo sie sich sicher und frei fühlten. Aber sie konnten nicht gemeinsam leben. Auch die Sitzungen in der Paartherapie waren eine große Anforderung für sie, weil sie sich hier emotional sehr nah waren. Allein das Sprechen über Gefühle, Ängste, Wünsche oder Bedürfnisse schaffte Nähe und machte sie wieder verletzlich. Für Tim war es noch halbwegs erträglich, weil ich ein Mann bin und er sich einen solchen verständnisvollen Vater gewünscht hatte, aber so gut es für ihn war, so schwierig bis unmöglich war es für sie, sich gegenüber einem Mann zu öffnen. Diese Nähe war für ihn ungewohnt und für sie latent bedrohlich. Wir haben uns darauf verständigt, dass sie eine Einzeltherapie bei einer Frau macht, sie wollte erst einmal „lieben lernen", anschließend wollten wir weiter machen. Er sagte, er könne warten. Sie haben sich noch nicht wieder gemeldet.

Die Wahl des Mangels

Nicht jedes gewählte Unglück ist gleich eine sadomasochistische Beziehung und es geht nicht immer um psychische, körperliche oder sexuelle Gewalt, die verarbeitet und integriert werden muss. Manchmal war in der Geschichte eines Menschen bislang einfach etwas nicht da und dann kann es sein, dass er in einer späteren Liebesbeziehung den Mangel wiederherstellen will, um ihn zu überwinden. Und dabei kann es auch durchaus gute Lösungen geben.

Ein Beispiel dafür ist Agnes. Als Kind hat sie von ihren Eltern immer nur gehört, dass sie nichts könne, für die höhere Schule zu dumm sei. Als Jugendliche wurde ihr gesagt, dass sie hässlich sei und sowieso keinen Mann abkriegen werde und wahrscheinlich später mal in der Gosse landen werde. Es stand für ihre Eltern fest, dass aus dieser Tochter nichts werden kann. Diese Eltern, insbesondere ihre Mutter, haben keinen narzisstischen Gewinn daraus gezogen, auf ihre Tochter stolz zu sein, sondern daraus, dass sie sie permanent abgewertet haben – denn so wurde ihre Mutter bedeutsamer, schöner, liebenswerter, als die Tochter es je sein konnte.

Man kann seinen Narzissmus ausleben, indem man sich selber im Vergleich mit anderen permanent lobt und größer macht, oder man kann dies erreichen, indem man andere kleinmacht. Die zweite Variante wird immer dann bevorzugt, wenn die eigene Aufwertung kaum oder gar nicht gelingt, dann bleibt nur das schlechte, abwertende Reden über die anderen. Die meisten narzisstisch gestörten Menschen bevorzugen eine Mischung aus beiden Möglichkeiten, stellen sich selber heraus und werten andere ab. Dabei kann ihre Selbstdarstellung groteske Züge annehmen, so dass sie einfach peinlich und lächerlich wirken. Aber ihre Abwertung kann sehr verletzend und aggressiv werden. Im Alltag kann man versuchen, ihnen aus dem Weg zu gehen, aber als Kind ist man von ihnen abhängig. Fataler aber wirkt sich aus, dass Kinder von ihren Eltern geliebt werden wollen und ihre Liebe suchen. Die kann das Kind aber nur bekommen, wenn es das Spiel mitspielt, den Eltern Recht gibt. Dann löst das Kind dieses Dilemma zwischen Elternliebe und Selbstliebe gegen sich selbst. Es entwickelt ein negatives Selbstbild und hat damit die Eltern als liebende Menschen gerettet.

Agnes hat sich schon früh in ihr Schicksal gefügt und ein negatives Selbstbild entwickelt. In ihrem Kern ist sie schon seit ihrer Kindheit der Überzeugung, dass sie schlecht ist. Zu den negativen elterlichen Meinungen hat sie als folgsames Kind noch einige weitere, eigene hinzugefügt: „Ich bin zu dick", „Ich mache meinen Eltern immer nur Sorgen" und „Ich bin nicht liebenswert". Weil sie schon immer diese schlechte Meinung von sich hatte, liebte sie als erwachsene Frau als Erstes einen Mann, der sie kaum beachtete, ihr – wie ihre Eltern – nie sagte, dass er sie liebe, er sprach nur davon, dass er sie lieb habe. Als sie sich dann von ihm trennte, überschüttete er sie mit Liebeserklärungen. „All die Jahre wollte ich das hören und als ich dann gegangen bin, weil mir das alles zu lieblos war und er sich mit einer anderen vergnügte, da kam er dann an und hat mir Blumen geschenkt, war bei meinen Eltern auf der Suche nach mir und hat mich zum Essen eingeladen, und da war der ganze Tisch voller Rosenblätter. Damit konnte ich nun gar nichts anfangen. Danach hatte ich einen Mann, der im Alltag netter zu mir war, aber da hatte ich wieder ein anderes Problem, ich konnte seine Liebe nicht annehmen, fühlte mich nicht gemeint und war irgendwie hilflos. Ich habe ihn meistens ignoriert und deshalb hat er damit irgendwann aufgehört und dann lief es besser, aber da hatten wir schon unsere Beziehung verloren." Agnes' Problem war, dass sie sich zwar immer nach Liebe gesehnt hatte, durch die lieblose

Behandlung ihrer Eltern aber ein negatives Bild von sich selbst entwickelt hatte. Dies war für sie auch ein Weg, vielleicht doch noch die Liebe der Eltern zu bekommen, indem sie sich so sah, wie die Eltern es wollten. Damit war sie das brave und folgsame Kind und vielleicht deshalb doch noch liebenswert. Als sie schließlich diesen Mechanismus erkannte, weinte sie tagelang. Sie hatte sich immer schlecht, hässlich und liebesunfähig gesehen, weil sie durch die Annahme dieser Rolle es vielleicht doch noch schaffen konnte, zumindest dafür geliebt zu werden. Aber dieses negative Bild war ihr in Fleisch und Blut übergegangen, und so sehnte sie sich einerseits nach Liebe und andererseits konnte sie die Liebe nicht annehmen, wenn sie auch nur wenige Portionen davon bekam.

Sie fand auch heraus, dass nicht alle Männer schlecht, lieblos und grob waren, sondern dass sie sich immer solche Männer ausgesucht hatte, denn mit den anderen konnte sie nichts anfangen, die fand sie langweilig. Nur wenn sie die Liebe zu sich selber entdeckte, konnte sie an der Partnerwahl etwas ändern.

Aber wie macht man das, wie kann man sich lieben lernen? Wenn man sich jeden Morgen vor den Spiegel stellt und „Guten Morgen, du Schöne" sagt, dann hilft das bestenfalls bis mittags und das Selbstwertgefühl ist abends schon wieder auf dem Nullpunkt. Außerdem ist es einfach künstlich, man fühlt sich blöd dabei. Agnes hat es sehr viel geholfen, als ich mit ihr gesammelt habe, was sie kann, wo ihre Fähigkeiten und Stärken sind, welche Probleme sie gelöst, welche Krisen sie gemeistert, wofür andere sie bislang in ihrem Leben gelobt haben. Ihre Persönlichkeit hatte zwar viele positive Seiten, aber die hatte sie aus ihrer Wahrnehmung und ihrem Selbstbild gelöscht. Nicht in der Weise, dass sie sich nicht erinnerte, sondern indem sie das alles herunterspielte. Wenn ich versuchte, diese Fähigkeiten und Stärken zu erfassen, zu sammeln und als Ressourcen herauszustellen, dann antwortete sie immer, das sei doch nicht so wichtig, das könne doch jeder, das sei doch selbstverständlich, das sei doch gar keine Fähigkeit. Ich fragte sie dann, ob sie selbst der Meinung sei oder ob ich hier mit der Mutter in Agnes sprechen würde. Es war eher die Mutter, aber nicht die reale alte Frau in der Vorstadtsiedlung, sondern die Mutter in ihr. Die Mutter war zu einem Teil von Agnes geworden, man bekam die beiden kaum noch auseinander, aber es war höchste Zeit, dass sich Agnes von ihrer inneren Mutter verabschiedete. Als sie aufhörte, die Welt und sich selbst mit den Augen ihrer Mutter zu sehen, konnte sie ihren Mann auch anders wahrnehmen.

Ihr Mann kannte diese Geschichte seiner Frau nicht nur von Erzählungen, sondern auch aus seiner eigenen Kindheit. Bei ihm war es der Vater gewesen, der ihn abgewertet und nicht beachtet hatte. Andreas war das fünfte von sechs Kindern und hatte gelernt, im Schatten seiner Geschwister groß zu werden, sich durchzuboxen, seinen Weg zu finden. Seine Mutter war überlastet, hatte an die älteren Geschwister die Anforderung, für die kleinen zu sorgen, und signalisierte Andreas folgende Botschaft: „Am meisten liebe ich dich, wenn du nicht auffällst und mir keine Sorgen machst. Sei unsichtbar und bedürfnislos, sorge für dich selbst, dann geht es mir gut und dann mag ich dich!" Er brachte einen schönen Vergleich zu seiner eigenen Entwicklungsgeschichte in einem Bild: „Sie kennen doch diese Yucca-Palmen, die sind sehr genügsam, die wachsen auch unter dem Sofa. Jetzt wissen Sie, wie ich groß geworden bin." Diese Art von Resistenz nennt man in der Psychologie Resilienz, sie ist eine psychische Widerstandskraft, die es den Kindern erlaubt, trotz widriger Umstände groß und glücklich zu werden. Bei Andreas hatte es jedoch ein Problem gegeben: Wenn er dann doch mal Liebe, Aufmerksamkeit und Zuwendung brauchte, konnte er sie nur durch Kranksein erfolgreich einfordern, alle anderen normalen und direkten Wege waren versperrt. Wenn er krank war, dann hatte sich seine Mutter um ihn gekümmert, an seinem Bett gesessen, vorgelesen und sein Lieblingsessen gekocht. Daher war Andreas trotz seiner Leistungskraft häufig krank gewesen und ließ es auch nur dann zu, dass Agnes sich um ihn sorgte, wenn er krank war.

So waren Agnes und Andreas in ihrem Alltag recht distanziert, stellten immer wieder einen Mangel an Liebe her und näherten sich dann ein wenig an. Aber sobald einer von beiden dem anderen näher kam, liebevoll war, Zuwendung zeigte, wich der andere zurück und stellte die alte Distanz wieder her. Diesen systemischen Tanz des Paares haben wir mehrfach beobachten können. So bestand die Sorge für den jeweiligen Partner darin, Nähe herzustellen, wenn die Distanz zu groß war, und Distanz herzustellen, wenn der andere zu nah kam. Das Problem bestand darin, dass die mittlere emotionale Distanz, in der sie im Alltag lebten, „nicht zum Leben und nicht zum Sterben" reichte, es war ein Zustand des chronischen emotionalen Mangels.

Agnes hatte sich als Kind in ihren Selbstzweifeln und Krisen immer wieder aufgebaut, indem sie sich in ihr Zimmer zurückzog und Musik hörte. Also haben wir in der Paartherapie überlegt, wie sie die Zuwendungen ihres Mannes annehmen kann, ohne sich in ihr Zimmer zurückzuziehen. Und bei ihm haben wir überlegt, wie Agnes es anstellen kann, die Yucca-Palme unter dem Sofa hervorzuholen. Es war schwierig für beide, denn die alten Strategien hatten sich bewährt. Sie wussten beide, wie sie es alleine schaffen, und haben in ihren Krisen daher auch immer wieder an Trennung gedacht. Das wäre für sie der einfachere Weg gewesen, als es in der Abhängigkeit vom anderen zu schaffen, sich mit seinen Ängsten und Bedürftigkeiten zu öffnen.

Auf dem Weg der Besserung entstand noch eine andere Schwierigkeit: Wann immer Agnes es schaffte, gut über sich selbst zu denken, hatte sie Schuldgefühle gegenüber ihrer Mutter. Rief sie sie dann an, bekam sie zu hören, was sie falsch gemacht hatte. Danach ging es ihr einerseits besser, andererseits stieg die Wut auf ihre Mutter. So schwankte sie zwischen schlechtem Gewissen und aufkeimendem Selbstbewusstsein: Andreas hat sie auf dem Weg aus dieser Falle liebevoll unterstützt.

Die bessere und die schlechtere Hälfte

Komplettierung und Selbststabilisierung
durch Partnerwahl

In seinem Werk „Symposion" schrieb Platon, dass die Menschen ursprünglich Kugelwesen waren, mit vier Armen und vier Beinen. Als sie aber zu stark wurden, teilte Gott sie in zwei Hälften. Seitdem sind sie sehnsüchtig auf der Suche nach der jeweils anderen, verlorenen Hälfte. Erst durch eine Wiedervereinigung können sie sich ganz und wieder rund fühlen.

Dies ist das Motiv der Partnerwahl zur Komplettierung der eigenen Person: Ohne den anderen ist man nur eine Hälfte und bleibt ständig unruhig auf der Suche nach der anderen, passenden Hälfte. Eine solche Komplettierung kann nach äußerlichen Kriterien angestrebt werden, wie bei der schönen Frau und dem erfolgreichen Mann, oder nach inneren Eigenschaften, wie bei einer temperamentvollen, emotionalen Frau und einem besonnenen, rationalen Mann. Beide finden im anderen etwas, was ihnen zur Vervollständigung fehlt, dann sind sie jeweils die „bessere Hälfte" des anderen.

Manchmal braucht man aber auch eine bessere Hälfte, weil man sich selbst als die schlechtere fühlt. Dann geht es nicht nur darum, sich komplett und „rund" zu fühlen, dann braucht man den anderen dauerhaft und manchmal sogar existentiell, um die eigenen Probleme zu lösen oder persönliche Defizite auszugleichen und sich selbst wieder zu stabilisieren. Wenn das Gebäude der eigenen Persönlichkeit instabil und brüchig ist, kann ein Partner dabei helfen, es wieder aufzurichten, zu stabilisieren, um es für die Stürme des Lebens wetterfest zu machen. So kann eine körperliche oder seelische Krankheit die Persönlichkeit stark und dauerhaft beeinträchtigen; dies wiederum kann durch einen Partner kompensiert werden, der alles übernimmt, was der andere nicht mehr kann. Stützen sich beide Partner gegenseitig in ihren Persönlichkeitsstrukturen, kann dies eine besonders tiefe und enge Partnerschaft sein, die beiden guttut, sie aber auch durch jede Bewegung oder Veränderung des anderen verletzlich macht. Das ist das Motiv der Partnerwahl zur Selbststabilisierung. So kann die Liebe des Partners beispielsweise heilsam sein, wenn man sich selbst nicht mehr ausreichend lieben kann oder es noch nie konnte; dann wird die narzisstische Versorgung durch den Partner gewährleistet. Aber auf diesem Weg lernt ein solcher Mensch noch lange nicht automatisch, sich selbst zu lieben. Ist der Partner nicht präsent oder droht, ganz zu gehen, droht auch die Selbstliebe zu verschwinden. Mehr als bei der Komplettierung sind bei der Selbststabilisierung beide Partner aufeinander angewiesen, das Paar stellt eine Einheit nach außen dar und ist zugleich in sich fragil. Beide Motive der Partnerwahl, die Komplettierung durch die bessere Hälfte und die Selbststabilisierung der schlechteren Hälfte, haben gemeinsam, dass die Betroffenen sich erst durch den Partner ganz, „rund" und gesund fühlen, ihn oder sie brauchen, um eine vollständige Persönlichkeit zu sein. Von diesen beiden Motiven soll nun die Rede sein. Die erste Variante der Komplettierung ist beinah klassisch zu nennen: die Schöne und das Biest.

Die Schöne und das Biest

Das Motiv „Die Schöne und das Biest" ist in den Künsten vielfach bearbeitet worden. Zu den bekanntesten Geschichten gehört die vom hässlichen Hephaistos und seiner schönen Frau Aphrodite, wie sie Homer in der Ilias erzählt: Aphrodite betrügt ihren Hephaistos mit Ares, seinem eigenen Bruder. Hephaistos rächt sich auf grausame Weise: Er spinnt ein feingliedriges Netz, fängt damit die Liebenden ein und präsentiert sie den Göttern zum Spott.

Zu den besten filmischen Bearbeitungen des Motivs zählt „Der Glöckner von Notre Dame" mit Anthony Quinn in der Hauptrolle. In der Literatur findet sich dieses Thema in Shakespeares „Othello" in der ungleichen Beziehung zwischen der weißen, makellosen Desdemona und dem Mohr. In der Musik ist es zum Beispiel das Thema in Verdis gleichnamiger Oper. Auch das Märchen „Der Froschkönig" von den Brüdern Grimm ist ein populäres Beispiel einer solchen Partnerwahl. Hier holt der Frosch für die Königstochter eine goldene Kugel aus dem Brunnen, wenn sie ihm verspricht, danach Tisch und Bett mit ihm zu teilen. Aber die Prinzessin vergisst ihr Versprechen, will ihn gar nicht empfangen und wirft ihn vor lauter Wut gegen die Wand. Dadurch wird er erlöst und verwandelt sich in einen Prinzen. Die daraus abgeleitete moderne These, man müsse viele Frösche küssen, um den Prinzen zu finden, passt also nicht ganz, eher müsste man sie gegen die Wand werfen.

Was ist die Botschaft dieses uralten Mythos? Geht es stets darum, dass die Frauen sich nicht abschrecken lassen sollen vom hässlichen Äußeren einiger Männer, weil hinter der hässlichen Fassade ein guter Kern steckt? Geht es um einen Tauschhandel: äußere Schönheit gegen innere? Oder haben diese Mythen auch die Aufgabe, Frauen Geduld in Sachen Liebe anzuraten: Wenn ihr lange und intensiv genug liebt, dann verwandelt eure Liebe jeden Frosch oder jedes Biest in einen Prinzen?

Sind Paarbeziehungen, die auf der Anziehung von Gegensätzen beruhen, nicht immer eine Art Tauschhandel, letztlich sogar ein Tauschhandel auf Zeit? Und was folgt, wenn der Tauschhandel abgeschlossen und damit der Vertrag erfüllt ist? Dann könnten sich die Partner trennen, vielleicht müssten sie es sogar. Wenn sie dann aber doch zusammenbleiben, ist jede Weiterentwicklung blockiert, die Beziehung droht zu einem Gefängnis zu werden. Bei Merlin und Viviane war es am Ende so.

Partnerschaft als Tauschhandel auf Zeit

Der alte, weise und erfahrene Zauberer verfällt der Magie der Schönheit und der Jugend und bleibt am Ende, gefesselt von der Liebe, einsam und allein zurück. Der Mythos um Merlin, den großen Zauberer am Hofe König Artus', kennt viele verschiedene Versionen, die im Kern aber alle gleich sind. Thomas Malory, der eine der schönsten Artusdichtungen des ausgehenden Mittelalters geschrieben hat, beschreibt im vierten seiner insgesamt einundzwanzig Bücher über „König Artus" (Malory 1977), „wie Merlin sich maßlos in eine der Damen vom See verliebte und wie er in einer Felshöhle unter einem Stein eingeschlossen wurde und dort starb". In dieser Darstellung des Merlin-Mythos wird er durch eine junge Frau namens Viviane verzaubert. Er ist durch ihre Schönheit verwirrt, will nur noch mit ihr zusammen sein und willigt dafür ein, ihr alles über seine Zauberkünste zu erzählen, was sie wissen möchte. Nimue macht ihm so lange Hoffnungen, dass sie ihn heiraten könnte, bis sie alles von ihm erfahren hat. Als sie von ihm verlangt zu schwören, dass er nie einen Zauber auf sie legt, willigt er ein, denn er ist ihr hoffnungslos verfallen. Schnell wird er ihr lästig und sie beschließt, sich seines eigenen Zaubers zu bedienen, um sich endgültig von ihm zu befreien. Paardynamisch steht im Mittelpunkt des Mythos von Merlin und Viviane der Tausch Liebe gegen Weisheit oder Weisheit gegen Liebe zwischen Alt und Jung. Und beide zahlen dafür ihren Preis: Sie lebt mit einem alten Mann, behält aber ihre Freiheit, und er verliert seine Freiheit, lebt dafür aber mit einer jungen Frau. Zwei ungleiche Partner tauschen Gleichwertiges. Merlin ist dabei die Inkarnation von Weisheit, Erfahrung und Naturverbundenheit, er ist der Zauberer. Viviane ist eine der gelehrten Feen des Mittelalters und ein Kind der Wälder, sie ist die Schönheit und Jugend. Beide beleben sich gegenseitig: Was der eine sucht, hat der andere, und umgekehrt. Bei aller äußeren Ungleichheit komplettieren sie sich in ihrer Einheit zu allem, was die Liebe umfassen kann: Alter und Jugend, Weisheit und Schönheit, Geist und Körperlichkeit, Natur und Reinheit, Freiheit und Unfreiheit.

Noch vor 200 Jahren war der ältere Mann und die junge Frau ein verbreitetes Ehe-Modell, weil der ältere Mann ausreichend Geld hatte, um eine Familie gründen zu können, und dafür er eine gebärfähige Frau brauchte. Heute verbirgt sich hinter einer solchen Partnerwahl bei Männern auch die Angst vor einer gleichrangigen Partnerin; eine junge Frau wird einen älteren Mann eher bewundern und nach seinen Wünschen formbar sein. Wesentlich ist aber die Verleugnung des Alters, denn der Anblick der geliebten jungen Frau erleichtert die Verdrängung des eigenen Alterns. Der Preis dieser Partnerwahl ist häufig Eifersucht, denn der ältere Mann muss permanent fürchten, seine junge Frau an einen jungen Mann zu verlieren. Aber auch die junge Frau zieht ihre Vorteile aus dieser Partnerwahl. Sie heiratet den besseren, vielleicht sogar den idealen Vater, der Sorge und Sicherheit repräsentiert.

Auch ältere Frauen können sich in junge Männer verlieben, und dies nicht erst seit den Zeiten der Emanzipation der Frauen. Berühmt ist der sumerische Mythos von Ishtar und Tammuz, der symbolisch die Mutter-Sohn-Liebe, aber auch die der alternden Frau und ihres jugendlichen Geliebten transportiert. Die Geschichte kann als spiegelbildliche Variante des Merlin-Viviane-Mythos angesehen werden. Beide Partner müssen eine krisenhafte Zeit des Übergangs bewältigen: Für die reife, alternde Frau ist ihr jugendlicher Held die letzte erotische Eroberung, durch die sie noch einmal jung und begehrenswert wird, für ihn ist es gleichzeitig die Einführung ins Leben, durch die er vom Jugendlichen zum Mann wird.

Dieser Mythos ist vor allem eine Beziehungsfantasie der Frauen und Mütter. Der junge Gott bringt noch einmal die große Liebe in das Leben der älteren Frau, die von Anfang an um die Vergänglichkeit dieser Liebe weiß. Damit sind Trennung und Tod stets Teil dieser Liebe. Wie bei jeder Beziehungsfantasie geht es auch hier um die Frage der Autonomie der Liebenden, um den Ablösungsprozess des Jugendlichen und das Loslassenkönnen der Mutter. Wie auch die anderen Beziehungsfantasien hat dieser Mythos eine allgemeingültige Seite: In jeder Beziehung ist der Mann nicht nur Geliebter und Sohn, sondern zugleich Vaterfigur, und die Frau nicht nur Geliebte und Tochter, sondern auch Mutterfigur. Dieses Wechselspiel der Übertragungen und Rollen ist wichtig für jede Beziehung. Ihre Dauer hängt auch davon ab, wie dieses Rollenspiel gelingt, wie flexibel jeweils Frau-Mutter-Tochter- und Mann-Vater-Sohn-Rollen eingenommen werden können, ohne dass davon eine Bedrohung für den anderen ausgehen muss. Denn jeder braucht mal die sorgende Mutter, den helfenden Vater, möchte mal der kleine Junge oder das kleine Mädchen sein oder seine mütterlichen oder väterlichen Anteile ausleben; eine Rolle allein – ob groß oder klein, regressiv oder progressiv – ist viel zu anstrengend. Liebe ist immer eine Angelegenheit auf Zeit, und nur selten wird dies so stark gespürt wie bei der Liebe zwischen dem jugendlichen Liebhaber, der alle Zeit der Welt zu haben scheint, und der alternden Frau, für die der abzusehende Schmerz über den Verlust des Geliebten schon von Beginn an einen Teil des Verliebens darstellt. Es ist ein Liebesmythos – die Attraktion der Gegensätze – und er bedeutet: Zusammen sind wir die Einheit, nach der wir uns so sehnen, zusammen besiegen wir sogar den Tod. Aber es drückt auch die Sehnsucht nach den Seiten, Eigenschaften, Fähigkeiten aus, die man selbst nicht hat.

Wie der ältere Mann erlebt auch die ältere Frau noch einmal eine Verjüngungskur durch den jugendlichen Liebhaber. Eine leidenschaftliche Sexualität mit lang vermisster Zärtlichkeit tröstet über die Gewissheit der Vergänglichkeit leicht hinweg. Zudem will der junge Mann sie nicht gleich heiraten und kann auch keine Kinder mehr von ihr erwarten. Er ist anspruchslos, sieht in ihr die ideale Mutter. Sie muss keine Angst vor männlicher Dominanz haben, und so muss sie die Hingabe an diesen jungen Mann nicht als Unterwerfung erleben. Aber sie ist in ihrer Lebenserfahrung weit von diesem Mann entfernt, hat vielleicht Kinder in seinem Alter und beide haben getrennte Freundeskreise. Die Prognose für solche Paare ist viel schlechter als für jüngere Frauen, die mit älteren Männern leben. Dabei spielen viele Faktoren eine Rolle: der Freundeskreis, die Familie, der Beruf und die Kollegen, der soziale Status und die persönliche Reife der beiden. Und es macht einen Unterschied, ob die Frau 35 Jahre alt ist und ihr junger Liebhaber 18, oder ob sie 64 ist und ihr Mann 47. Beide Male beträgt der Unterschied 17 Jahre, aber diese Jahre können Welten bedeuten.

Die Partnerwahl zur Komplettierung des eigenen Lebens ist eine komplizierte Angelegenheit, aber die Partnerwahl zur Stabilisierung der eigenen Persönlichkeit ist noch viel komplizierter und folgenreicher. Es ist der Traum, sich einen Partner nach dem eigenen inneren Idealbild zu erschaffen, der ultimative Partner, die einzige passende Hälfte, so wie sie sein sollte. Das ist dann die Geschichte von Pygmalion.

Pygmalion lebt

Im Pygmalion-Mythos geht es um die Sehnsucht, sich einen Partner nach seinem inneren Wunschbild zu formen. Die modernere und wohl bekannteste Version dieses Mythos ist das Musical „My fair Lady" nach der Komödie von George Bernhard Shaw. Darin verliebt sich der Sprach- und Dialektforscher Professor Higgins zunächst in die Sprache des Blumenmädchens Eliza und nach und nach in sie selbst. Eliza erhält Privatstunden bei ihm und verliebt sich in ihren Lehrer. Professor Higgins kreiert eine neue Eliza, macht aus dem Blumenmädchen eine sprachgewandte Dame, die durch die Heirat in die feine Gesellschaft aufgenommen wird.

Wenn Pygmalion im Mythos immer wieder erklärte, dass keine Frau gut genug für ihn sei, dann verbarg sich dahinter die Angst vor einer reifen und selbstbewussten Frau. Heute würde man wohl sagen, dass Pygmalion schwere Beziehungsängste hatte und sich nur auf ein weibliches Wesen einlassen konnte, das er selbst geschaffen hatte und das ihm dafür existentiell dankbar sein musste. Ein durchaus männlich-chauvinistischer Schöpfungsmythos. Aber so wie Pygmalion ergeht es vielen Männern und Frauen. Sie fürchten sich vor einer tiefer gehenden Beziehung, weil sie in ihren Ängsten nicht erkannt werden wollen. Sie fühlen sich häufig klein, elend, hässlich, unzulänglich, nicht liebenswert, bedeutungslos und ängstlich. Sie halten sich deshalb immer wieder lange fern von möglichen Partnern, schwärmen für die unerreichbaren Angebeteten oder suchen sich einen Partner, den sie formen und schnitzen können, der sich ihnen anpassen muss und nicht umgekehrt. Wer sich ein Wesen nach eigenen idealen Maßstäben formt, kann relativ sicher sein, dankbar und achtungsvoll behandelt und nicht herausgefordert zu werden. Und wenn Pygmalions Traum nicht wahr wird, keine Göttin dem selbst erdachten Wesen Leben einhaucht, dann kann es sein, dass Menschen sich lieber für das unerreichbare Ideal entscheiden, als sich mit einer frustrierenden Realität abzufinden.

Die Partnerwahl der Singles

Pygmalion lebt heute noch in vielen Varianten, zum Beispiel in Singles. Dabei handelt es sich häufig um Menschen, die sehr hohe Ideale haben und sich deshalb nicht auf eine reale Beziehung einlassen. Es wäre ein Missverständnis zu glauben, Singles seien allein und hätten mit der Partnerwahl nichts zu schaffen. Die Partner der Singles sind ihre Ideale – der ideale Mann, die ideale Frau, der ideale Partner, die ideale Paarbeziehung, die ideale Gemeinsamkeit, die ideale, große Liebe. Singles leben lieber mit ihren Idealen als mit realen Menschen, denn das erscheint weniger bedrohlich. Ihre Beziehungsängste, oftmals begründet durch schlechte Erfahrungen, verkleiden sie in einer Abwehr: Nicht sie haben ein Problem mit Partnerschaft und Liebesbeziehungen, sondern die anderen. Indem sie sich über die anderen beklagen, wähnen sie sich als Opfer. Denn über die Minderwertigkeit anderer lassen sich prächtige Geschichten erzählen, tief im Innern aber pflegen sie ihre Ideale und Wunschträume von einer romantischen, liebevollen, immer währenden großen Liebe des Lebens.

Aber die zentralen Fragen der Singles sind immer auch die Fragen aller anderen Menschen. Sollte man nicht lieber alleine bleiben und keinen Lebenspartner wählen, bevor man sich mit einer schlechteren als der besten Lösung zufriedengibt? Oder bevor man an einen Partner gerät, der nicht Glück, sondern Unglück bedeutet? Vielleicht ist es besser, alle Sehnsüchte auf ein Ideal zu richten in der Hoffnung, dass es irgendwann Wirklichkeit wird, als sich mit einer mittelmäßigen oder gar schlechten Partnerwahl zu bescheiden? Denn es könnte ja auch das Problem auftauchen, dass man mit einem mittelmäßigen Partner zusammen und dadurch gebunden ist, während man der großen Liebe des Lebens begegnet! Dann wäre man nicht wirklich frei für diesen Menschen und die Chance wäre verpasst. Es sprechen also viele Gründe dafür, lieber allein und glücklich als zusammen und unglücklich zu sein.

So weit die Logik der gewollten und ungewollten Singles. Sie lieben ein Ideal und halten daran fest: lieber die Taube auf dem Dach als der Spatz in der Hand. In der Psychologie nennen wir solch eine Haltung eine Rationalisierung. Damit werden rationale Gründe angeführt, um eigene Probleme, ungelöste Konflikte oder irrationales Verhalten zu rechtfertigen.

Das Gegenteil der Singles sind nicht die Menschen in Paarbeziehungen mit allem Alltagsstress, denn die leben in der Realität. Das Gegenteil des idealen Partners ist der schlechte Partner; gewählt wird nicht das ideale Selbst, sondern das negative Selbst. Und auch dies kann durchaus Vorteile für die Stabilisierung des eigenen Selbst haben.

Die Wahl des negativen Selbst

Wir alle haben gute und schlechte Seiten, die guten stellen wir heraus, kultivieren und pflegen sie, und die negativen versuchen wir zu verstecken, so dass sie nicht gesehen werden. Manchmal leben wir unsere schlechten Seiten heimlich, aber das gelingt nicht immer und vor allem nicht auf Dauer. Wenn wir an unsere schlechten Seiten denken, werden wir meist von Scham- und Schuldgefühlen erfüllt. Dann stehen wir vor der Schwierigkeit, wie wir eine gute Psychohygiene betreiben können, denn wir möchten die schlechten Seiten möglichst wegschieben, um von Scham- und Schuldgefühlen entlastet zu werden. Die Partnerwahl ist auch eine wunderbare Möglichkeit, eine solche Psychohygiene zu betreiben – und damit die eigenen schlechten, ungeliebten Seiten loszuwerden. Wir lassen unser Negativ vom Partner leben und sind daneben die reinsten „Gutmenschen". Dann hat das gewählte Unglück den Sinn, sich selbst von allen negativen, peinlichen, schamhaften und schuldbeladenen Seiten der eigenen Person reinzuwaschen, indem der gewählte Partner sie auslebt. Wenn Frauen sich Männer aus dem Gefängnis oder der Psychiatrie aussuchen, spielt das meist eine Rolle. Sie meinen, dort einen solchen negativen, kriminellen oder psychisch kranken Partner finden zu können, und wenn sie ihn dann erwählt haben, stehen sie als Heldinnen vor der Welt da, die einen armen, kranken Mann erretten. Wenn sie scheitern, nimmt ihnen das auch keiner übel. Männer holen sich aus solchen Gründen Frauen aus der Prostitution oder einem Entwicklungsland. In beiden Fällen geht es darum, unterlegene und vermeintlich negative Partner zu finden, neben denen die Retter wie schiere Samariter dastehen.

Aber das sind Ausnahmen, denn den meisten Menschen ist es zu riskant, das Dilemma der eigenen negativen Seiten durch eine andere mit Negativem behaftete Person zu lösen. Das Problem wird psychologisch gelöst, indem die eigenen negativen Seiten und Persönlichkeitseigenschaften in den anderen hineingesehen werden. Diese Projektion funktioniert so, dass man den anderen so behandelt, als sei er die Inkarnation der eigenen negativen Selbstanteile. Projektion ist kein bewusster Vorgang und wirkt deshalb erstaunlich gut. Man ist all seine dunklen Seiten auf wundersame Weise los, weil der andere sie lebt. Gleichzeitig müssen keine unangenehmen Schuld- und Schamgefühle mehr empfunden werden, denn es ist ja der andere, der sich schämen sollte. Und man hat innerhalb kürzester Zeit ein wahrhaft bereinigtes und gestärktes Selbstbewusstsein, mag sich wieder, findet sich attraktiv, ohne Makel, und wird nicht mehr von quälenden Selbstzweifeln geplagt. Eine solche ungeheure Entlastung der eigenen Persönlichkeit kann ein gewichtiger Grund für eine richtige Liebe sein. Man hat seinen eigenen Schatten gefunden und steht selbst nur noch im Licht. Eine solche Selbststabilisierung wird in der Psychologie auch interpersonelle Abwehr genannt. Damit verwandelt sich ein innerpsychischer Konflikt, unter dem man vorher litt, in einen interpersonellen Konflikt, bei dem man selbst nur noch die gute Seite und der andere die schlechte darstellt. Warum wählt ein leuchtender Pfau die graue Maus, der selbstlose Menschenfreund den überzeugten Egoisten, ein strukturierter und disziplinierter Mensch einen Chaostypen, oder ein lebenslustiger Sinnenfreund einen asketischen Stubenhocker? Wir verstehen jeweils die graue Maus, den Egoisten, den Chaoten und den Stubenhocker, weil klar zu sein scheint, was sie vom anderen haben. Aber umgekehrt? Das ist die Wahl des negativen Selbst, denn der leuchtende Pfau wehrt damit das Mausgraue in sich ab und kann einsam leuchten, der Menschenfreund wehrt seinen eigenen Egoismus ab, der disziplinierte Mensch entledigt sich mit der Partnerwahl all seiner chaotischen Seiten und der Freund der Sinneslust fühlt sich durch keine asketischen Grenzen mehr eingeengt. Alle sind frei von inneren Konflikten, der Feind ist nicht mehr ein strafendes Über-Ich oder eine abgewehrte Lust, sondern der schlechte Partner – und dieser kann nun mit ganzem Elan heftig bekämpft werden.

Nähe-Frau sucht Distanz-Mann

Manche Kontaktanzeigen könnten auch so formuliert werden: Nähe-Frau sucht Distanz-Mann. Dies ist eine häufige partnerschaftliche Arbeitsteilung, bei der die Frau die emotionale Nähe herstellt und der Mann die rationale Distanz. Dies ist einerseits eine völlig normale Partnerschaftskonstellation, weitgehend bedingt durch eine geschlechtsspezifische Erziehung. Es gibt aber auch eine – nicht selten neurotische – Form, die auf das unbewusste Zusammenspiel beider Partner zurückgeführt wird. Auch dies ist eine Form der interpersonellen Abwehr, bei der ein Teil eines ehemals innerindividuellen Konflikts zu einem partnerschaftlichen gemacht wird. Sehen wir uns dieses Zusammenspiel am Beispiel eines Paares aus meiner Praxis einmal genauer an.

Insa ist eine Tochter aus einer Scheidungsehe. Ihre Eltern haben sich getrennt, als sie vier Jahre alt war, seitdem hat sie allein bei ihrer Mutter gelebt und lange Jahre nur sporadische Kontakte zu ihrem Vater gehabt. Sie ist mit ihrem Mann seit fünfeinhalb Jahren zusammen. Vor einigen Monaten hat sie die Überzeugung entwickelt, sich von ihrem Mann trennen zu müssen, und kommt daher mit ihm in die Paartherapie. Es sind keine bestimmten Ereignisse, die sie zu der Überzeugung bringen, dass sie sich trennen muss, sonder eher ein beunruhigendes Gefühl, das ihr Angst macht. Als sie ihrem Mann zum ersten Mal erzählte, was in ihr vorgeht, fiel er aus allen Wolken. Er versteht die Welt nicht mehr, für ihn hat sich im letzten Jahr nichts geändert, er liebt seine Frau und will sich nicht trennen. Anfangs dachte er, dass sie einen Geliebten hat, aber das ist nicht der Fall. Er möchte in der Paartherapie gern die Frage klären, was mit seiner Frau los ist (eine für viele Männer durchaus übliche Motivation). Bei solchen Trennungsthemen frage ich beide Partner schon im Erstgespräch, ob sie selbst aus einer Trennungsfamilie kommen, wann sich ihre Eltern getrennt haben und wie sie dies als Kind erlebt haben.

Insa berichtet, dass sie anfangs sehr unter der Trennung ihrer Eltern gelitten habe. Sie habe auch Schuldgefühle entwickelt, zum einen, als ihre Eltern sich getrennt haben, zum anderen aber vor allem danach, als sie durch ihre Mutter das Gefühl vermittelt bekam, an deren Misere Schuld zu sein. Die Mutter litt unter der Trennung, musste mit ihrer Tochter in eine kleine Wohnung ziehen, nachdem sie vorher ein Reihenhaus bewohnt hatten. Sehr subtil machte sie ihre Tochter für ihr allgemeines Unglück verantwortlich, insbesondere dass sie keine Arbeit annehmen und mit einem Kind keinen Mann mehr finden könne. Sie war überlastet und unzufrieden. Insa hat immer versucht, ihre Mutter aufzuheitern und zu entlasten, ist daran aber immer wieder gescheitert.

Klaus kommt nach seinen Worten aus einer ganz normalen Familie: Vater, Mutter, Schwester und er. Der Vater ging arbeiten, die Mutter sorgte für die Kinder und machte Heimarbeit. Die fünf Jahre ältere Schwester war lange Zeit eine zweite Mutter für ihn, die immer das Kommando über den kleinen Bruder übernahm, wenn die Mutter mal nicht konnte. Er ist von zu Hause immer zu seinen Freunden und zum Sport geflohen. Sein Vater war Vertreter für Landwirtschaftsmaschinen und selten zu Hause. Seine Mutter hatte sich immer einen Sohn gewünscht. „Sie hat sich auf mich gestürzt. Ich war ihr ganzer Stolz und ihr Lebensglück, das hat sie immer wieder so gesagt." Seine behütete Kindheit fand er ungeheuer anstrengend: „Meine Mutter klebte an mir wie eine Klette." Sie sorgte beständig für eine Nähe, die er anstrengend fand und in der er keinen Raum für eine eigenständige Entwicklung hatte.

In der Psychotherapie nennen wir eine solche zeitgenaue Re-Inszenierung einen Jahrestagseffekt („anniversary effect"). Insa hat unter der Trennung ihrer Eltern gelitten und als sich ihre Beziehung der 5-Jahres Marke nähert, bekommt sie Angst, dass es zu einer Trennung kommen könnte. Ihre Mutter ist nur wenige Monate, nachdem sie ihren Vater kennen gelernt hatte, mit ihr schwanger geworden. Sie waren ungefähr fünf Jahre zusammen, als sie sich trennten. Da sie die Trennung als Kind sehr schmerzlich erlebte, will sie sich heute lieber selber trennen, bevor es ihr Mann tun kann. Dies alles ist ihr nicht bewusst, erst in der Paartherapie werden ihr diese Zusammenhänge deutlich. Wie immer bei solchen Erkenntnissen sind sie einerseits entlastend, andererseits werfen sie neue beunruhigende Fragen auf.

Beide Partner haben eine intensive und komplizierte Mutterbindung und eine gleichzeitige Sehnsucht nach einem Vater, der sie aus dieser engen Bindung befreit. Insa sorgt für die Nähe in der Paarbeziehung, weil sie Angst hat, wieder verlassen zu werden. Klaus empfindet die Distanz zu seiner Frau als wohltuend. Ihre Fähigkeit, Nähe herzustellen, hat für ihn etwas Ambivalentes: Einerseits fasziniert es ihn, weil sie etwas kann, was er nicht kann, andererseits ist er neidisch auf sie, weil sie etwas kann, was er nicht kann. Deshalb mag er sie manchmal, dann wieder erinnert sie ihn sehr an seine Mutter und seine Schwester. Wenn er ihre Nähe schön findet, dann liebt er sie, aber sobald die Nähe bevormundend und zu eng wird, zieht er sich zurück. Insa fühlt sich dann „fürchterlich an den Vater erinnert". So leben beide eine Art Schaukelbeziehung: Sie kommen sich nahe und empfinden eine große Liebe füreinander, aber wenn die Liebe zu intensiv und die Beziehung zu eng werden, muss er sich wieder zurückziehen. Sie fühlt sich dann wieder allein gelassen und gibt sich die Schuld dafür, dass es mal wieder schlecht gelaufen ist. Dann bekommt er ein schlechtes Gewissen und nähert sich ihr wieder, weil es so auch nicht gemeint war. Daraufhin fühlt sie sich verwirrt und weiß nicht mehr, was er eigentlich von ihr will.

Insa und Klaus haben einen unbewussten Nähe-Distanz-Konflikt, den sie beide in verschiedenen Varianten in die Beziehung mitgebracht haben. Ihr Thema heißt: Wie können wir eine emotionale Nähe herstellen, die guttut und wie können wir eine Distanz leben, die uns genügend Raum für persönliche Entwicklung lässt? Dieses Liebesthema kennen beide länger als den jeweiligen Partner, und als sie sich trafen, haben sie eine tiefe Seelenverwandtschaft und Vertrautheit erkannt, sie haben sich selbst im Spiegel des anderen gesehen. Nach der Partnerwahl bekam ihre Liebe einen weiteren Schub durch ihre arbeitsteilige Bewältigung ihrer Nähe-Distanz-Themen. Beide konnten den für sie leichteren Teil des Konflikts übernehmen und waren zugleich den unangenehmeren Teil los.

Was war die Lösung dieses Konflikts? Im Prinzip sollte jeder seinen eigenen Konflikt lösen, für Insa bedeutet dies, das unverarbeitete Trennungsthema ihrer Eltern aufzuarbeiten, für Klaus die enge Mutterbindung und den fehlenden Vater zu thematisieren. In der Paartherapie habe ich einen anderen Weg gewählt, der für beide leichter, weniger umständlich und vergangenheitsorientiert und mehr auf die Ressourcen ihrer Paarbeziehung gerichtet war. Ich habe Klaus als Hausaufgabe aufgegeben, in der Partnerschaft für zwei Wochen ausschließlich und allein für die Nähe zu sorgen und Insa entsprechend die Aufgabe gegeben, nur in der Distanz zu bleiben. Auf diese Weise haben sie die alten Muster ihres Verhaltens ändern und neue Erfahrungen sammeln können. Durch die Therapie wurde dieser Prozess unterstützt, so dass beide heute Nähe und Distanz leben können, ohne auf eine Seite festgelegt zu sein. Dies erleben sie als Bereicherung.

Neuwahlen

Die zeitlosen Wahlverwandtschaften

Jeder Mensch hat seine Träume und seine Lebensentwürfe. Und wenn zwei Menschen zu einem Paar werden, dann müssen sie sich einigen, welchen Traum sie verfolgen wollen, worauf sie verzichten wollen, was ihnen ganz persönlich wichtig ist. Dies bringt Reibungen, Konflikte und Missverständnisse mit sich, aber solange Partner miteinander in Kontakt bleiben, Kompromisse bilden und sich als Team begreifen, können sie ihren Weg finden. Sprachlosigkeit ist eines der großen Probleme moderner Paarbeziehungen. Was steckt dahinter? Der Wunsch, Konflikte zu vermeiden, das Bedürfnis nach Harmonie oder einfach das Unvermögen, sich auszutauschen, zu streiten und Kompromisse zu finden?

Bei allen Paaren besteht die Gefahr, dass sich bei dem gemeinsamen Lebenskonzept nur einer von beiden durchsetzt, dass sie beide ihre Ziele aufgeben oder dass sie in der Langeweile einer erreichten Harmonie stecken bleiben. Dann stehen die frischen Blumen in der Vase, aber ein Gefühl der Leere macht sich breit. Es ist immer noch schön in der Wohnung, aber beide wissen, dass es besser sein könnte, es auch schon viel besser war, und dass sie irgendwo auf dem Weg sich selbst als Paar verloren haben. Und je leerer und sprachloser ihre Beziehung mit den Jahren wird, desto mehr orientieren sich ihre Sehnsüchte nach außen. Dann wird die verlorene Lebendigkeit im Kontakt zu anderen Menschen gesucht, zu einzelnen und zu Paaren. Das

Wichtigste, was sie verloren haben, ist der emotionale Kontakt, und damit haben sie sich selbst von einem wesentlichen Teil der Liebe abgeschnitten.

Wenn sich die Beziehung so entwickelt hat, dann suchen manche Paare Dritte, die den Kontakt herstellen, die Beziehung auffrischen oder die ungestillten Bedürfnisse befriedigen sollen. Dann öffnen sie notwendigerweise ihre Beziehung mehr nach außen, geben einen Teil ihrer Exklusivität auf und werden damit zugleich verwundbar als Paar. Dann zweifeln sie an ihrer bisherigen Partnerwahl und denken über Neuwahlen nach. Einen solchen schwierigen Prozess eines in die Jahre gekommenen Paares, bei dem eine Leere trotz äußerlicher Schönheit in die Beziehung eingekehrt ist, beschreibt bereits Johann Wolfgang von Goethe in seinen „Wahlverwandtschaften".

Die Wahlverwandtschaften

Das Jahr der Veröffentlichung dieses Romans, 1809, stellt den Beginn der modernen deutschen Psychologie der Paarbeziehung dar. Und es ist fraglich, ob seitdem wesentliche Erkenntnisse hinzugekommen sind. Es ist ein großer psychologischer Roman, und dies nicht nur wegen seiner intensiven Symbolik und seiner Betonung der inneren Konflikte. Auch die Zeit spielt eine Rolle – das Alter der Personen, die Dauer der Ehen – und die mikroskopisch genau geschilderte Sozialstruktur mit ihren Konflikten und symbolischen Handlungen. Goethe selbst hat seine Intention so beschrieben: „sociale Verhältnisse und die Conflicte derselben symbolisch gefasst darzustellen" (Goethe 2003, 259). Über das rein Psychologische hinaus enthält das Buch also auch eine Kritik der sozialen Verhältnisse, der Sitten und der Moral, wodurch das Leiden der Menschen erst hervorgerufen und verstärkt erscheint. Es ist nicht zuletzt eine Auseinandersetzung mit der Einsamkeit des moralischen Menschen angesichts der existentiellen Fragen wie Liebe und Tod.

Zur Geschichte, wie sie erzählt wird: Eduard und Charlotte sind adelige Eheleute, die auf ihrem großzügigen ländlichen Anwesen leben. Gleich zu Beginn fasst Charlotte ihre bisherige Beziehung zusammen: „Mag ich doch so gern unserer frühesten Verhältnisse gedenken! Wir liebten einander als junge Leute recht herzlich; wir wurden getrennt; du von mir, weil dein Vater, aus nie zu sättigender Begierde des Besitzes, dich mit einer ziemlich älteren, reichen Frau verband; ich von dir, weil ich, ohne sonderliche Aussichten, einem wohlhabenden, nicht geliebten, aber geehrten Manne meine Hand reichen musste. Wir wurden wieder frei; du früher, indem dich dein Mütterchen im Besitz eines großen Vermögens ließ; ich später, eben zu der Zeit, da du vom Reisen zurückkamst. So fanden wir uns wieder." (Goethe 2003, 11) Er drängte auf eine baldige Heirat, sie zögerte. Ihre einzige Tochter Luciane brachte sie in eine Pension, ebenso ihre Nichte Ottilie. Das Paar wollte frei sein füreinander, nur noch miteinander leben und alles nachholen, was sie früher an Nähe nicht hatten leben können. Wie lange können so zwei Menschen miteinander leben, nur aufeinander bezogen, sich selbst genügend? Wie lange hält eine solche Liebe, die von keiner materiellen Sorge geplagt wird, wie lange genügen sich die Partner? Die Szenerie ist schön, fast elegisch, die Gartenanlagen sind Tagesgespräch, ihre Gestaltung scheinbar das einzige Alltagsproblem und je genauer all dies beschrieben wird, desto deutlicher wird eine dahinter auftauchende Leere in der Beziehung. Es entsteht kein Reiz, kein Widerspruch, kein Problem, alle Gespräche sind liebevoll, und selbst im Streit liegt noch eine beglückende Erkenntnis, wenn Eduard feststellt: „Ich merke wohl, im Ehestand muss man sich manchmal streiten, denn dadurch erfährt man was voneinander." (Goethe 2003, 15)

Eduard scheint die Gesellschaft eines Mannes, eines echten, gleich gestellten und gleich gesinnten Freundes zu vermissen, und als dieser in Gestalt des Hauptmanns, eines Freundes aus früheren Tagen, eingeladen wird, sind die beiden Männer fast nur noch zusammen unterwegs. Charlotte fühlt sich indessen einsam und erwägt, ihre Nichte Ottilie zu sich zu nehmen, was sie schließlich auch tut. So werden die ehelichen Beziehungen durch Kontakte zu Freunden aufgefrischt, es entstehen neue gartenbauliche und landschaftsarchitektonische Projekte, literarische Gespräche und Arrangements für das abendliche Musizieren. Aus den vier Menschen entstehen sechs Paarbeziehungen mit jeweils unterschiedlichem Charakter und besonderer Dynamik: Charlotte und Eduard, Charlotte und der Hauptmann, Charlotte und Ottilie, der Hauptmann und Ottilie, Eduard und Ottilie, Eduard und der Hauptmann. Diese Beziehungen befruchten sich gegenseitig, machen das Leben aber auch komplizierter, zumal besondere Gefühle in die Beziehungen Einzug halten. So wie Charlotte und der Hauptmann durch ein gemeinsames Gestalten der Garten- und Parkanlagen eine Nähe zueinander entdecken, die über das bloße gemeinsame Tun hinausgeht, so erkennen auch Eduard und Ottilie Gefühle füreinander, die sie in tiefe Verwirrung stürzen. Die Beziehungen zwischen den neuen Paaren werden inniger: Der Hauptmann fährt mit Charlotte im Boot über den See, Eduard streift mit Ottilie durch die Natur und fühlt sich in ihrer Gegenwart wieder so jung, wie sie selbst ist. In den Fantasien der vier Personen entstehen Bilder, Gefühle, Szenen und erfüllte Erwartungen, die in Gedanken mächtiger werden als in der äußeren Wirklichkeit.

Der Ehebruch findet folgerichtig zunächst auch nur in der Fantasie statt; Eduard besucht seine Frau zu später

Stunde, um die Nacht mit ihr zu verbringen, und denkt dabei nur noch an Ottilie, während Charlotte die Liebkosungen des Ehemannes dadurch versüßt werden, dass sie sich vorstellt, sie kämen direkt vom Hauptmann. Und weiterhin werden Gespräche geführt, die voller symbolischer Bedeutungen sind. Es ist eine unterschwellige Anziehungskraft am Werk, der sich die betroffenen Menschen und Paare kaum entziehen können. Wählen die Menschen noch ihre Partner oder werden sie gewählt? Sind die Partner frei in ihrer Wahl oder werden sie angezogen vom anderen Menschen und können sich dieser Anziehung nur hingeben? Wie viel Freiheit hat der Mensch bei der Wahl, wie unfrei macht die Liebe? Was sind die Gesetze der Liebe? Und wenn wir nicht ganz frei sind in der Wahl unserer Partner, welche untergründigen, unbewussten Anziehungskräfte wirken? Und kann man sich diesen entziehen, indem man den Kräften die Gelegenheiten entzieht, wirksam zu werden?

Im weiteren Verlauf der Handlung lernen wir, dass es für diese Fragen sehr verschiedene Antworten gibt: Eduard und Ottilie erliegen der Kraft ihrer gegenseitigen Anziehung, sie können nicht mehr ohne einander sein. Zwischen ihnen entsteht eine reine Liebe, die stärker zu sein scheint als jeder menschliche Wille. Charlotte und der Hauptmann sind von Beginn an einen anderen Weg gegangen. Sie haben ihre Zuneigung festgestellt und sich dann aus Vernunft getrennt. Als der Hauptmann geht – er hat mit Hilfe des Grafen eine bessere Anstellung erhalten – unternimmt Charlotte noch den Versuch, mit ihrem Mann offen zu sprechen und ihn dazu zu bewegen, auch Ottilie gehen zu lassen, aber der ist bereits innerlich entflammt, die Liebe zu Ottilie hat längst Besitz von ihm ergriffen. Er schreibt ihr wenig später einen Brief, in dem er ankündigt, in den Krieg zu gehen.

Charlotte ist schwanger und sie bekommt ein Kind, das dem Hauptmann und Ottilie ähnelt. Warum diesen beiden? Weil die Eheleute, als sie das Kind zeugten, an diese beiden dachten? Als Eduard zurückkehrt und Ottilie trifft, ertrinkt das ihr anvertraute Kind. Eine Fehlleistung? Sie wird von Schuldgefühlen geplagt und sucht nach Sühne. Aber alle Trennungsversuche von Eduard und Ottilie sind vergeblich, weil der jeweils andere zu einem Teil des eigenen Selbst geworden ist, psychologisch gesprochen zu einem Selbstobjekt, so dass eine Trennung als schmerzlicher Riss durch das eigene Leben, die eigene Person empfunden worden wäre. Sie leben in einer seelischen Symbiose, sind voneinander abhängig, genügen sich gegenseitig, können ohne den jeweils anderen nicht leben. Ottilie beschließt im Stupor – einem Zustand höchster emotionaler Erregung bei gleichzeitiger äußerlicher Ruhe –, in Zukunft nicht mehr zu essen und nicht mehr zu sprechen. Es ist ihre Art, der reinen Liebe Ausdruck zu geben. Zugleich kann sie nur so den Zustand der Trennung vom geliebten Menschen und der Schuld am Tod des Kindes und der Ehe seiner Eltern sühnen. Sie wird zu einem körperlosen und sprachlosen Wesen, das still durch die Räume schwebt, eine über alles erhabene Moral, die reine Liebe. Als sie stirbt, nimmt sie dem verzweifelten Eduard das Versprechen ab, weiterzuleben. Eduard kann jedoch den Schmerz und die Trauer nicht ertragen und stirbt kurz danach. Charlotte beerdigt ihn neben Ottilie.

Neuwahlen

Die Themen dieses Romans sind beinahe zeitlos. Eine in die Jahre gekommene Ehe wird durch Kontakte zu Freunden aufgefrischt. Für Charlotte ist die Seelenverwandtschaft zum ruhigen Hauptmann nicht nur eine Abwechslung, sondern sogar eine Lösung für ihre eheliche Leere, zumindest für eine gewisse Zeit. Das gemeinsame Planen der Parkanlagen und der Umbauten ist nicht nur eine architektonische Herausforderung, sondern lässt auch eine besondere emotionale Nähe entstehen, die ihr guttut. Für Eduard als Mann in den mittleren Jahren ist zunächst der Kontakt zu einem männlichen Freund angenehm, beide erleben eine intensive, freundschaftliche und beinah brüderliche Nähe. Hier verbirgt sich – bei Goethe selbst – sicherlich auch die Trauer um den soeben verstorbenen Freund Friedrich Schiller.

Kommt diese Leere und Langeweile aus den einzelnen Menschen, ihrem Alter oder ihrer Trägheit? Oder entsteht sie aus der Paarbeziehung, haben die Partner sich einfach nichts mehr zu sagen, sind sie in der Gewohnheit erstarrt? Oder ist es gar die Institution Ehe, die den Individuen und der Partnerschaft eine so feste Struktur gibt, in der irgendwann jede Liebe erstarren muss? Hinter den individuellen und paardynamischen Mustern, die in die Geschichte eingewoben sind, erscheint immer wieder die Frage nach der bürgerlichen Ehe. Wie kann man eine ewige Dauer erwarten in einer Welt, in der sich fortlaufend alles ändert? Wie soll eine Ehe etwas Dauerhaftes und Unveränderliches sein, wenn die Welt um sie herum sich permanent ändert?

Dann taucht Ottilie auf, die in ihrer stillen Bewunderung Eduard das Gefühl der Bedeutsamkeit und des Begehrtsein gibt. Ottilie liebt ihren Vater, trägt sein Bild an einer Kette um den Hals, ist innerlich noch sehr an ihn gebunden und so, wie sie diesen liebt, so liebt sie auch Eduard, sie liebt das Väterliche in ihm, aber auf eine körperliche, erotische Weise. So hat sie den Mann und den Vater in einer Person gefunden und symbolisch hat sie gegen ihre Mutter – Charlotte ist als ihre Tante die Schwester ihrer Mutter – diesmal gesiegt. Sie nimmt ihm zuliebe die Halskette mit dem Bild des Vaters ab, und er zeigt ihr die Bäume, die er in dem Jahr pflanzte, in dem sie geboren wurde. Er erscheint als ihre Lösung, sie ist für ihn seine Lösung. Eine der Weisheiten des Buches besteht darin aufzuzeigen, dass jede Lösung neue Probleme aufwirft oder nur jeweils eine Lösung für eine bestimmte Zeit ist.

Die Beziehungen der Liebenden sind gebunden an bestimmte Denkmuster, die ihr Handeln bestimmen. Charlottes und des Hauptmanns Denken ist die aufgeklärte Vernunft, anders gesagt: Für sie beherrscht das Ich die Triebe und die Gefühle, nicht mittels Moral, sondern aufgrund einer rationalen Denkweise oder einer starken Persönlichkeit. Eduard und Ottilie als Paar liegt die Überzeugung einer füreinander geschaffenen Liebe zugrunde; ihre Denkweise ist damit zutiefst irrational und emotional. Sie erscheinen füreinander geschaffen, brauchen sich, ergänzen sich, können nicht ohne einander leben und wenn sie es doch müssen, dann sterben sie lieber. Das ist das Werther-Thema, das Goethe hier wieder aufgegriffen hat: die Liebe, die so rein und erhaben über die weltlichen Dinge ist, dass es sich lohnt, für sie zu sterben.

So endet die eheliche Liebe in der Leere und Langeweile des Alltags, die reine Liebe im Tod beider Partner und die vernünftige Liebe in der Trennung der Partner. Die Einladung an den Hauptmann und an Ottilie war nicht nur ein freundschaftlicher Akt, sondern auch eine Art Rettungsversuch für die eigene eheliche Beziehung von Charlotte und Eduard gewesen. Die Neuwahlen der Partner waren insofern weder Schicksal noch Zufall, sondern die beinah zwangsläufige Folge der erstarrten Paarbeziehung zwischen Eduard und Charlotte.

Ménage à quatre

Vor einiger Zeit hatte ich eine Paartherapie, bei der Goethes „Wahlverwandtschaften" eine besondere Rolle spielte. Das Paar befand sich in einer akuten Krise, als es zu mir kam. Der Mann, Kurt, arbeitete im gehobenen Management eines Versicherungskonzerns, die Frau, Christiane, hatte als Lehrerin gearbeitet und befand sich noch in der Babypause. Kurt hatte sich in eine andere Frau verliebt, natürlich eine Arbeitskollegin. Wie immer habe ich zu Anfang der Sitzung auf das alte Credo Freuds verwiesen, dass die Behandlung nur bei unbedingter Offenheit gelingen könne. Was dazu führte, dass Kurt zugab, dass seine Affäre bereits ein Jahr alt sei. Christiane war bis zu diesem Moment davon ausgegangen, die Affäre ihres Mannes ginge erst ein paar Wochen, eben so lange, wie sie davon wusste.

Kurt und Christiane haben zwei Kinder, einen fünfjährigen Sohn und eine einjährige Tochter. Der Sohn geht vormittags in die Vorschule und sie ist dann mit der Tochter allein. Sie leben in einem Reihenendhaus in einer norddeutschen Kleinstadt, und er fährt jeden Tag einen weiten Weg zur Arbeit, so dass er früh morgens das Haus verlässt und abends erst spät zurückkommt. So habe sie sich nicht gewundert, als er morgens bereits ohne Frühstück das Haus verließ und abends auch nichts mehr essen wollte. Wie sich später herausstellte, hatte er mit seiner Geliebten in seinem Büro gefrühstückt und nach der Arbeit auch noch Zeit verbracht und häufig mit ihr gegessen. Auf der Arbeit war er für seine Frau nicht mehr erreichbar gewesen und sie hatte sich schon häufig darüber beschwert, denn sie müsse ihn erreichen können, „wenn mal was mit den Kindern ist". Von sich hatte sie schon gar nicht mehr gesprochen. Auf meine Frage hin antwortete sie, dass sie als Paar schon seit der Geburt der Kleinen keinen Sex mehr gehabt hätten. Während der Schwangerschaft sei es für sie unangenehm gewesen und nachher habe er keine Lust mehr gehabt. Das zweite Kind sei ihr besonderer Wunsch gewesen, Kurt habe kein Kind mehr gewollt.

Kurt ist 42 Jahre alt, Christiane 39. Die Geliebte – hier nannte Kurt zum ersten Mal den Namen Beate –, sei 41 Jahre alt und seit zwei Jahren im Konzern. Sie sei mit einem 49 Jahre alten Lehrer für Biologie und Sport zusammen, mit dem sie keine Kinder habe. Das Paar lebe zwar noch zusammen, aber sie wolle so bald wie möglich ausziehen. Die Kinderlosigkeit habe der Frau schwer zu schaffen gemacht, berichtet Kurt sehr mitfühlend. In der folgenden Sitzung enwickelt sich daraus ein heftiger Streit.

„Seitdem ich von der Liebesaffäre meines Mannes weiß, habe ich keine Lust mehr, alleine zu Hause zu sitzen und auf ihn zu warten und mir dabei zu überlegen, was er wohl gerade mit ihr treibt. Ich habe ihm gesagt, dass er sich auch mehr um die Kinder kümmern müsse. Jetzt ist er zwei Abende in der Woche zu Hause und bringt die Kinder ins Bett. Ich gehe dann mit meinen Freundinnen weg, auch mal tanzen oder wieder ins Kino.“

„Warum kann denn dann nicht an diesen Abenden Beate mal vorbei kommen? Die Kinder sind doch dann im Bett!“

„Das kommt überhaupt nicht in Frage, diese Frau kommt mir nicht in mein Haus. Die hat sich ihrem Chef auf den Schoß gesetzt, obwohl sie weiß, dass er eine Familie hat, mehr Infos brauche ich nicht über sie. Du siehst sie jeden Tag bei der Arbeit, das ist schon mehr als genug. Ich bin nicht mehr bereit, dein verlogenes Spiel mitzumachen.“

Der Konflikt bleibt offen, Christiane hat gesiegt. Sie sitzt im Moment am längeren Hebel und kann weitgehend die Bedingungen diktieren, denn sie ist die Betrogene und kann seine Schuldgefühle nutzen, um ihre Interessen durchzusetzen. Das tut ihr erst mal gut und ihm sonderbarerweise auch, denn so kann er seine Schuld abarbeiten und dennoch die Liebesaffäre aufrechterhalten.

Christiane und Kurt sind seit zwölf Jahren ein Paar und seit zehn Jahren verheiratet. Sie war zuerst mit dem Studium fertig und hat mit ihrem Einkommen sein Studium finanziert. Sie ist die Tochter eines Lehrerehepaares, hat mit achtzehn Jahren ein ausgezeichnetes Abitur gemacht, danach gleich auf Lehramt studiert, das Studium mit exzellenten Noten absolviert, das Referendariat angeschlossen und danach mit ihrem Einser-Abschluss gleich eine Anstellung bekommen. Er hat erst bei einer Bank eine Lehre gemacht, ist dann ausgestiegen, hat für zweieinhalb Jahre eine Weltreise gemacht, viel Zeit in Neuseeland verbracht und nach seiner Rückkehr mit dem Studium der Betriebswirtschaft angefangen. Sie hatte schon immer den Traum von einer Familie mit zwei Kindern in einem Reihenendhaus mit Garten gehabt. „Das klingt zwar spießig, wenn ich das so sage, aber meine Eltern hatten das auch, ich bin so groß geworden und fand das immer toll. Wenn ich nicht so einen Druck gemacht hätte, dann würde Kurt immer noch nicht wissen, was er aus seinem Leben macht. Der hat sich jahrelang einfach treiben lassen. Ich habe ihm sogar den Job besorgt und seitdem er den hat, spielt er sich auf wie mein Chef. Jetzt ist er seit drei Jahren der große Verdiener. Früher hat er sich immer über die BMW-Fahrer aufgeregt, das seien alle Egoisten. Heute fährt er selber einen und regt sich über die hohen Steuern auf. Jetzt ist er der Spießer." Kurt lächelt bittersüß. „Du bist doch nur neidisch auf meine Karriere. Das ist jetzt wohl die Rache einer frustrierten Hausfrau!" Christiane geht an die Decke, brüllt ihn an, er habe keinerlei Recht, sich so selbstherrlich aufzuspielen, sie sorge für die Kinder, während er sich mit seiner Geliebten vergnüge.

Manchmal lasse ich es durchaus für einige Zeit geschehen, dass die Partner sich in meiner Praxis anbrüllen, denn so bekomme ich einen lebendigen Eindruck von ihrer alltäglichen Streitkultur. Aber nach einer Weile schließe ich das Fenster und rufe die beiden zur Ordnung. Kurt spielt die ganze Zeit mit einer Zigarette, fragt mich, ob er mal rausgehen könne, um eine zu rauchen und ich antworte ihm, es sei besser, wenn er das sagen würde, was er sonst wegqualmen würde.

„Ich habe auf diese Konflikte keine Lust mehr. Sie behandelt mich von oben herab wie meine Mutter. Die Sache mit Beate ist mir außer Kontrolle geraten, ich wollte das anfangs nicht, wollte das auf kleiner Flamme halten, aber dann hat sich doch mehr daraus entwickelt und jetzt ist es nun mal so. Zwischen meiner Frau und mir läuft nichts mehr, wir brüllen uns nur noch an, wie eben, oder gehen uns aus dem Weg. Wir müssen hier sehen, ob wir eine Lösung finden, zumindest wegen der Kinder." Christiane schweigt laut und sieht mich an. Wir vereinbaren weitere Treffen und bestimmte Regeln für den Alltag zu Hause. Die Kinder sollen nicht unnötig leiden und die Konflikte sollen hier in der Paartherapie bearbeitet werden.

Die nächste Sitzung beginnt mit einem Wutausbruch von Christiane. „Ich bin es Leid. Mein Mann lügt mich an. Am vergangenen Donnerstag bin ich mit zwei Freundinnen ausgegangen, wir wollten ins Kino, aber der Film war ausverkauft und deshalb war ich früher zu Hause. Vor der Tür stand *ihr* Auto und sie saß drinnen auf unserem Sofa. Ich bin ausgerastet und habe sie rausgeworfen. So geht das nicht weiter. Ich will, dass mein Mann auszieht und dann feste Zeiten für die Kinder hat. Das war's dann mit uns." Wir verbringen die ganze Stunde mit einer Art Krisenintervention, beide sind in einem emotionalen Ausnahmezustand. Kurt sieht nicht ein, dass er die Kinder nur sehen könne, wenn Christiane ihm die Zeit diktiere, dann habe er überhaupt keine Zeit mehr, sich mit Beate zu treffen. Er fühle sich vollkommen zerrissen zwischen seiner Familie und dieser Frau, in die er sich verliebt habe. Er führt das Schicksal der Liebe zu seiner Verteidigung an, aber Christiane lässt das nicht gelten.

„Anstatt mich mit den Kindern alleine zu lassen und eine Liebesaffäre anzufangen, hättest du dich um uns kümmern sollen."

„Das ging doch gar nicht mehr. Du hast dich nur noch um die Kinder gekümmert, und mir ansonsten dein Lebenskonzept aufgezwungen, ich hatte doch gar nichts mehr zu melden, nur für das Arbeiten und Geldverdienen bin ich noch gut genug."

„Ich breche in Tränen aus. Du hast dich aus unserer Partnerschaft komplett zurückgezogen und das weißt du. Und jetzt versuchst du dich hier als Opfer aufzuspielen. Die böse Frau und das Schicksal, dass ich nicht lache."

Es ist gut, wenn wir über die Partnerschaft sprechen und nicht mehr nur über die Geliebte, denn die ist beinahe austauschbar und existiert nur, weil die Partnerschaft so geworden ist. Dies erkennen auch Christiane und Kurt und stellen etwas bitter fest, dass sie jetzt so viel reden würden wie seit Jahren nicht mehr, teilweise bis tief in die Nacht hinein, und dass sie solche Gespräche wie in der Paartherapie viel früher gebraucht hätten. Christiane schwankt zwischen ihrer Trauer um die verlorene Beziehung und einer unglaublichen Wut, zunächst auf die Geliebte, jetzt wieder auf Kurt. Mal hat sie wieder Hoffnung und will um die Beziehung kämpfen, dann will sie ihn endgültig rausschmeißen.

Eher beiläufig erwähnt Christiane am Ende der Sitzung, schon im Stehen beim Verabschieden, dass der Mann dieser Geliebten bei ihr angerufen habe, er wolle sich mal mit ihr treffen. „Er meinte, wir beiden seien doch die Vernünftigen und müssten mal in Ruhe klären, wie es nun weitergehen solle." Sie habe die Gesprächseinladung angenommen. Kurt reagiert darauf gar nicht.

In der nächsten Stunde komme ich auf diese Bemerkung zurück. Sie antwortet, sie habe sich mit ihm getroffen, es sei ein offenes und gutes Gespräch gewesen.

„Er ist ein sehr netter Mann, ich hätte ihn schon früher treffen sollen."

„Was soll das denn heißen?"

Christiane antwortet nicht auf diese Frage. Kurt berichtet, dass er sich entschlossen habe auszuziehen, sich eine kleine Wohnung zu nehmen und dort eventuell mit Beate zusammenzuleben. „Für eine größere Wohnung reicht im Moment das Geld nicht." Christiane ist mittlerweile so weit, dass sie eine Klärung der Finanzen und eine gute Regelung für die Kinder haben will. „Die Kleine kriegt das ja noch nicht so alles mit, aber der Junge leidet schon darunter, dass sein Vater auszieht. Er hängt sehr an ihm, aber sein Vater weigert sich, ihm offen zu sagen, warum er auszieht. Soll ich dem Kind sagen, dass unsere Familie kaputtgeht, weil sein Vater eine Geliebte hat und jetzt mit einer anderen Frau zusammenziehen will?" Wir beschließen, dass Kurt zusammen mit Christiane ein behutsames Gespräch mit ihrem Sohn führen sollte und stellen gemeinsam dazu Überlegungen an. Als Eltern harmonieren beide noch recht gut, ihnen ist das Wohlergehen ihrer Kinder nach wie vor wichtig.

Wiederum am Ende der Stunde bemerkt Christiane, dass sie noch die Frage der Ferien ansprechen möchte. „Ich möchte gerne eine Woche nach Madeira zum Wandern. Ich liebe diese Insel und kenne sie seit Jahren, spreche auch ein wenig Portugiesisch. Dieter möchte mitkommen. Er ist ja Biologielehrer, kennt sich gut in der Natur aus und findet Madeira auch toll." Während ich mich noch frage, wer Dieter ist, springt Kurt auf. „Das kann doch nicht wahr sein. Du willst mit Dieter in Urlaub fahren? Sie müssen wissen", wendet er sich an mich, „dass Dieter der Mann von Beate ist. Ist das die moderne Form der Rache?" Christiane errötet leicht. „Wir haben uns noch ein paar Mal getroffen und festgestellt, dass wir uns mögen. Ich denke, dass du keinerlei Recht hast, dich darüber aufzuregen, schließlich hast du mit Beate angefangen. Dass ich Dieter sehr nett finde und er mich auch, ist reiner Zufall."

In den folgenden Wochen intensiviert sich die Beziehung zwischen Christiane und Dieter immer mehr, während Kurt und Beate erst an Rache denken und dann immer verstörter sind, weil sie feststellen, dass es den beiden wirklich ernst ist. Nach dem Urlaub auf Madeira gelten Christiane und Dieter als Paar, während diejenigen, die das Ganze mit einer Liebesaffäre ausgelöst haben, ihre ersten Streits über die gemeinsame Wohnung und ihre Arbeitskontakte haben. Kurt hat ihr als offizieller Vorgesetzter kürzlich so viel Arbeit verordnet, dass sie abends länger arbeiten musste und deshalb nicht mit ihm weggehen konnte. Bei ihnen wird es komplizierter, während es bei Christiane und Dieter immer leichter und angenehmer wird. Kurt beschwert sich darüber, dass Christiane viel Zeit mit Dieter und den Kindern verbringt, da würde sie anscheinend mit zweierlei Maß messen. Dieter habe mittlerweile ein auffallend gutes Verhältnis zu dem Sohn, während Christiane es immer noch verhindere, dass auch Beate mit den Kindern zusammentreffe.

Die Beziehungen zwischen den vier Personen, den zwei alten und den zwei neuen Paaren, gestalten sich höchst kompliziert und die alltägliche Logistik macht das Leben teuer und kompliziert. Heute lebt Christiane mit den Kindern in ihrem alten Haus, das von ihren Eltern mitfinanziert wird. Kurt ist mit Beate in die kleine Wohnung eingezogen, aber ihre Beziehung wurde seitdem immer komplizierter. Sie sind zwar noch ein Paar, aber Beate hat einen anderen Job angefangen, weil sie nicht mehr „unter" Kurt arbeiten wollte. Dieter wohnt bei Christiane um die Ecke, ist jeden Tag bei ihr und kümmert sich rührend um die Kinder.

War das alles reiner Zufall? Nachdem Christiane ihre Beziehung mit Dieter bekannt gemacht hatte, habe ich ihnen die Lektüre der „Wahlverwandtschaften" empfohlen. Alle haben das Buch gelesen und wir haben immer wieder auch darüber gesprochen. Eine der Fragen, die dabei auftauchte, ist diese: Kann es sein, dass es bei zwei Paaren in der Beziehung jeweils eine Stagnation gibt, die das Gefühl aufkommen lässt, dass man die Probleme des Paares anderen kennt? Dass aus dieser Vertrautheit das Gefühl resultiert, von dem Mann oder der Frau aus der anderen Beziehung besser verstanden zu werden als vom eigenen Partner? Und dass in der Partnerschaft der anderen eventuell sogar die Lösungen für die eigenen Probleme zu finden sind? So dass daraus eine Attraktion über Kreuz entsteht, eine Wahlverwandtschaft, ein Gefühl der Seelenverwandtschaft? Und dass dann aus den beiden Paaren zwei neue entstehen, von denen ein Paar vielleicht glücklich und das andere weniger glücklich ist? Wir wissen, dass Verliebte in dem geliebten Partner die Lösung aller bisherigen Probleme sehen, aber kann das auch einem Paar passieren, das schon lange zusammen ist?

Dieter und Beate haben sich über viele Jahre ein Kind gewünscht. Selbst eine reproduktionsmedizinische Behandlung führte zu keinem Ergebnis, außer dass sich ihre Beziehung weiter verschlechterte. Kurt war für Beate auch deshalb attraktiv, weil er nicht nur ein väterlicher Vorgesetzter, sondern auch ein liebender und sorgender Vater war, zumindest hat er sich ihr gegenüber so dargestellt. Auch Dieter schätzte die mütterliche Ausstrahlung von Christiane, und darüber hinaus fand er sie als Frau äußerst attraktiv, was sie auf so charmante Weise lange nicht mehr gehört und schon bald nicht mehr geglaubt hatte.

Kurt hatte schon seit Jahren das Gefühl, ein falsches Leben zu führen. Das ganze Szenario im Reihenendhaus mit Garten und zwei Kindern war nicht sein Lebenstraum gewesen, sondern der von Christiane. Er hatte sich sein Studium von ihr finanzieren lassen und wollte diese Schuld zurückzahlen, indem er sich ihr zuliebe auf dieses Lebenskonzept einließ. Seine Rache war, dass er nicht mehr mit ihr schlief. Nach dem zweiten Kind, das er nicht mehr gewollt hatte, fand er sie einfach nicht mehr attraktiv. Aber damit verletzte er seine eigenen Bedürfnisse; als er dies merkte, war es schon zu spät. Die Stagnation und Sprachlosigkeit über die eigenen Themen und Probleme war schon lange bei beiden Paaren vorhanden, sie hatten vielleicht deshalb keine Lösung gefunden, weil sie nicht einmal über die Probleme sprachen. Heute verstehen sich alle halbwegs, die Kinder haben einen großen Anteil daran, nur Beate ist noch voller Aggressionen gegen ihren ehemaligen Mann. Aber den interessiert es nicht mehr, er liebt Christiane und ihre Kinder.

Die Änderung der Blickrichtung

Der Geheimplan der Liebe

Zufall und Schicksal sind keine befriedigenden Antworten auf die Frage, wie Menschen ihre Lebens- und Liebespartner suchen und finden. Wer jedoch daran glaubt, kann nur versuchen, dem Zufall irgendwie nachzuhelfen oder sich dem Schicksal zu ergeben. Beides erscheint wenig befriedigend und man kann leicht alt dabei werden. Hilfen von der wissenschaftlichen Psychologie zu erwarten, erscheint berechtigt, aber die Psychologie der Liebe ist selbst erst wenige Jahrzehnte alt (Willi 2002), was im Vergleich zur Existenz der Liebe nur einen Moment in der Geschichte des Universums ausmacht. Die moderne Psychologie versucht, die besonderen Motive der menschlichen Partnerwahl wissenschaftlich zu ergründen, und dabei geht es in erster Linie um psychodynamische und paardynamische Hintergründe, nicht um Zahlen oder Techniken.

Wer technisch denkt und handelt, kann Telefonapparate reparieren, aber keine Paarbeziehungen erklären, und wer nur die Statistik, die Mathematik und die Wahrscheinlichkeitsrechnung als Wahrheit anerkennt, der kann wahrscheinlich auch gut Schach spielen, aber seine Frau nicht verstehen. So erging es einem Mann, der zu einer berühmten Romanfigur wurde. Seine Frau Hanna nannte ihn „Homo Faber", aber eigentlich hieß er Walter Faber und seine Geschichte stammt von dem Schweizer Schriftsteller Max Frisch. Walter Faber hat die Liebe nie verstanden und erst, als er einer ganz besonderen Liebe begegnete, änderte er nicht nur seine bisherigen Lebensprinzipien und Welterklärungen, sondern sein ganzes Leben – aber da war es schon zu spät.

Der technische Mensch und die Partnerwahl

Walter Faber ist ein erfolgreicher Ingenieur mit einem rationalen Weltbild, beseelt vom Glauben an die Technik und kritisch gegenüber allen irrationalen Dingen des Lebens. Er glaubt weder an Fügung noch an Schicksal, eher an die Formeln der Wahrscheinlichkeitsrechnung. Zur Erklärung der Welt genügt ihm die Mathematik, sein Lieblingsspiel ist das Schach. Er hat es sich zum Prinzip gemacht, nicht zu heiraten, was auch als eine Absage an jegliche Irrationalität verstanden werden kann. Eine Notlandung mit dem Flugzeug in der mexikanischen Wüste und die ungewöhnlichen Tage und Wochen danach haben dieses Denken allerdings ins Wanken gebracht. Alles scheint danach irgendwie anders, selbst seine Freundin langweilt ihn. Aus einer abendlichen Laune heraus beschließt er, nicht wie gewohnt mit dem Flugzeug nach Europa zu fliegen, sondern das Schiff zu nehmen. Da er alle technischen Geräte selbst repariert, nimmt er sich noch am Abend vor der Schiffsreise nicht nur den Rasierapparat, sondern auch das Telefon vor. Hätte er dies nicht getan, hätte er den Anruf der Reederei und den freien Platz auf dem Schiff nicht erhalten, dann wäre er nicht auf das Boot gegangen, dann wäre sein Leben anders verlaufen, auch sein Sterben.

An Bord trifft er eine junge Frau, in die er sich während der Reise verliebt. Sie trägt einen rotblonden Pferdeschwanz und kommt ihm unbekümmert und fröhlich vor, er wirkt dagegen väterlich anziehend auf sie. Schon am ersten Abend spielen sie Tischtennis miteinander. Eine harmlose Reisebekanntschaft, denkt er zunächst. Er erläutert ihr die technischen Geheimnisse des Maschinenraumes. Auf der Leiter hilft er ihr, will sie nicht anfassen, kommt sich senil vor. Beide suchen immer wieder still die Nähe des andern. Dann macht er ihr spontan einen Heiratsantrag, und wundert sich über seine plötzliche Laune. Am Ende der Schiffsreise beschließen sie, noch zusammenzubleiben und ihre Reise gemeinsam fortzusetzen. Er möchte weder, dass sie Stewardess wird, noch dass sie trampt, er will sie weiter begleiten, einfach mit ihr reisen, denn er empfindet so etwas wie Fürsorge für sie. Bislang ist er der Meinung gewesen, dass Frauen nicht länger als drei Wochen auszuhalten seien. Kein richtiger Mann könne es ertragen, wenn eine Frau schon am frühen Morgen noch im Morgenrock die Blumen in der Vase neu arrangiere und Gespräche über Liebe und Ehe führen wolle. Spätestens dann habe er sich immer nach Turbinen gesehnt. Beim Anblick eines Doppelzimmers als ehelicher Dauerlösung habe er immer an die Fremdenlegion denken müssen.

Die junge Schiffsbekanntschaft heißt Elisabeth, aber er nennt sie Sabeth. Ihr Gesicht erinnert ihn an seine Jugendliebe Hanna. Aus ihren unbekümmerten Erzählungen verdichtet sich bei ihm der Verdacht, dass sie Hannas Tochter sein könnte. Vor einundzwanzig Jahren hatten er und Hanna sich getrennt, nach einer Beziehung voller Missverständnisse. Sie heiratete einen anderen, seinen Freund Joachim, der sich später erhängte. Er hält Sabeth für die Tochter von Hanna und Joachim, aber am Ende der Reise durch Europa stellt sich mit für ihn brutaler Gewissheit heraus, dass sie doch seine eigene Tochter sein muss. Sie haben sich nach einundzwanzig Jahren und tausend Zufällen getroffen und ihre gegenseitige, magische Anziehungskraft endet in einem Liebesverhältnis. So trifft Walter Faber nach einundzwanzig Jahren seine Tochter Elisabeth, von deren Existenz er bislang nichts wusste. Zwar wusste er, dass

Hanna schwanger war, als sie sich trennten, aber es schien verabredet, dass sie abtreibt, zumindest war er immer davon ausgegangen.

Als Hanna schwanger wurde, trennte sie sie sich von Walter, weil er das Kind nicht wollte, denn beide waren sehr jung. Sie studierte und promovierte, aber die Tochter wurde zu ihrem Lebensinhalt. Sie heiratete Joachim und ließ Elisabeth glauben, dass er ihr Vater sei.

Die Geschichte erinnert an König Ödipus, der ohne sein Wissen seine leibliche Mutter heiratete. So weit kommt es bei Walter und seiner Tochter Elisabeth nicht: Als sie in Griechenland am Strand von einer Schlange gebissen wird, schafft er es mit ihr gerade noch ins nächste Krankenhaus, wo ihr das Antiserum verabreicht wird. Als Hanna schließlich besorgt eintrifft, kommentiert er lapidar: „Nur zwei bis fünf Prozent aller Schlangenbisse enden tödlich." Das Antiserum wirkt, aber die Schädelfraktur und die inneren Blutungen infolge des Sturzes bleiben unerkannt und unbehandelt, Sabeth stirbt am folgenden Tag. Hanna gesteht ihm, dass Sabeth seine Tochter war, und fragt immer wieder eindringlich, was zwischen ihnen war. Das Finden der Tochter, die Liebe zu ihr als Frau, das Wiedersehen mit seiner alten Liebe Hanna und schließlich der Tod der Tochter verstören Walter zutiefst. Seine Lebensorientierung geht verloren, seine Arbeit, sein Geld, seine Gesundheit ebenso. Er stirbt, wahrscheinlich mehr an seiner Verzweiflung und Verstörung als an dem Magenkrebs.

Wie konnten die beiden einander finden, obwohl sie nicht einmal von der Existenz des anderen wussten? Sicherlich mussten sie erst einmal die Gelegenheit dazu haben, mussten zum gleichen Zeitpunkt dasselbe Schiff nehmen und sich begegnen. Aber von diesem Zeitpunkt an, als diese Bedingungen eingetroffen und sie sich zum ersten Mal begegnet waren, wirkte ihre gegenseitige Anziehung ohne große Worte und Erklärungen. Alle anderen merkten dies, nur Walter und Sabeth nicht. Als er seinen alten Professor, der sie beide zusammen gesehen hat, wiedertrifft, fragt der ihn, wie es seiner Tochter gehe. Auf seine verdutzte Frage, woran er gesehen habe, dass es seine Tochter war, antwortet dieser nur, das sehe man doch. War das die berühmte Blindheit der Verliebten? Dann haben sich Vater und Tochter gefunden, obwohl sie sich nie gesehen hatten, und haben sich langsam ineinander verliebt. Er ahnte und wusste, wer sie wirklich war, sie blieb unbekümmert bis zu ihrem Tode.

Die vielfältigen Motive der Partnerwahl

Die Motive der Partnerwahl sind anscheinend vielfältiger und bunter, als wir es bislang gedacht haben. Menschen suchen und finden sich aus den verschiedensten Gründen. Diese Motive können klein und eindimensional sein oder groß und komplex, sie können für den einen Partner weniger wichtig als für den anderen sein. Sicher haben die verschiedenen Motive auch jeweils ihre Zeit: Mal sind sie besonders stark vorhanden und mal spielen sie im Leben der Betroffenen eine geringere Rolle.

Neben der Vielfalt, der Stärke und den Zeiten der Motive sind ihre Mischungen bedeutsam. Wenn nur ein Motiv vorhanden ist, dann wird die Paarbeziehung sich um dieses Thema ranken und vielleicht wird sie auch dann beendet sein, wenn das Thema bearbeitet oder beantwortet ist. Wahrscheinlich ist aber, dass es sich meist um mehrere Motive handelt, die eine spezifische Mischung ergeben und damit den besonderen Reiz der Paarbeziehung ausmachen. Vielleicht könnte man mit aller Vorsicht folgende allgemeine Formel aufstellen:

- Je mehr Lebens- und Liebesthemen auf beiden Seiten einer Paarbeziehung vorhanden sind,

- je bedeutsamer diese Motive für das Leben und die Entwicklung der Partner sind,

- je stärker ihre beiderseitige erotische und energetische Ladung ist,

- je mehr der jeweils andere als die Antwort, die Lösung oder gar die Heilung für das eigene Lebens- und Liebesthema erscheint,

- je mehr Beziehungsdynamik oder gar Synergie dieses Zusammentreffen in der Paarbeziehung auslöst,

- desto eher werden zwei sich suchen und finden und desto länger und bedeutsamer wird diese Partnerschaft für beide sein.

Damit ist noch nichts über die Wahrscheinlichkeit der großen Liebe und die Dauer des Glücks ausgesagt, denn wir haben festgestellt, dass die Menschen manchmal auch zusammen sind und bleiben, weil sie schwere Themen miteinander verbinden, die sie gar nicht glücklich sein lassen, im Gegenteil. Was sind die wesentlichen Motive der Partnerwahl, wonach suchen die Menschen im anderen? Aus den möglicherweise Hunderten will ich exemplarisch diejenigen herausnehmen, die mir besonders bedeutsam erscheinen und die in diesem Buch angesprochen und illustriert wurden:

1. Die Wahl des eigenen Selbst – wie man ist, war oder sein möchte

2. Die Partnerwahl zur Überwindung des Todes

3. Die Wahl der Einheit – Einigkeit macht stark

4. Die Suche nach persönlicher Bedeutung

5. Die Suche nach seelischer Integrität

6. Der Wille, die Welt zu verändern

7. Die Suche nach der großen Liebe des Lebens

8. Die Partnerwahl aus Angst vor der großen Liebe des Lebens

9. Die Suche nach der Lösung alter Konflikte

10. Partnerwahl zur Ablösung vom Elternhaus

11. Partnerwahl als Delegation zwischen den Generationen

12. Partnerwahl zur Erfüllung des Kinderwunsches

13. Die Wahl des zerstörerischen Partners

14. Die Partnerwahl trotz Trauma

15. Die Wahl des Mangels

16. Partnerwahl zur Komplettierung der eigenen Persönlichkeit

17. Partnerwahl zur Stabilisierung des eigenen Selbst

18. Partnerwahl als Tauschhandel auf Zeit

19. Partnerwahl aus Beziehungsangst

20. Die Partnerwahl der Singles als Wahl der Ideale

21. Die Wahl des negativen Selbst

22. Partnerwahl, um innere in partnerschaftliche Konflikte zu verwandeln

23. Nähe sucht Distanz

24. Partnerwahl zur Triangulation – die Einbeziehung eines Dritten in die Konflikte zwischen zwei Partnern

25. Partnerwahl über Kreuz zwischen zwei Paaren – Ménage à quatre

Alle diese Motive können in verschiedenen Mischungen in unterschiedlicher Intensität bei zwei oder mehr Partnern vorhanden sein. Zudem kann im Verlauf der Paarentwicklung ein Motiv durch ein anderes abgelöst werden. Damit wird die Lösung eines Themas oder Konflikts für die weitere Entwicklung genutzt, man traut sich sozusagen an größere oder tiefere Themen heran. Partnerwahl ist in diesem Sinne nicht unbedingt ein einmaliger Akt, in längeren Paarbeziehungen wird derselbe Partner eventuell mehrmals gewählt, und dies aus unterschiedlichen Gründen, weil jeweils neue Themen anstehen. Dann macht nicht nur die Lösung von Konflikten glücklich, weil die gemeinsame Stärke und der Teamgeist zu einem Sieg über die Herausforderungen des Lebens geführt haben, es entstehen auch vollkommen neue Entwicklungsperspektiven, an die man bislang nicht gedacht hat.

Der Geheimplan der Liebe

Wie kommt man seinen eigenen Motiven auf die Spur, wie entdeckt man seinen eigenen Geheimplan der Liebe? Wer sich selbst kennt, weiß besser, wonach er sucht und was er braucht. Für all diejenigen, die auf ihre eigenen Lebens- und Liebesthemen neugierig geworden sind und nun gern eine konkrete Hilfestellung hätten, will ich mit aller Vorsicht eine kleine Anleitung zur Selbsterkundung geben. Bitte nehmen Sie sich mindestens ein bis zwei Stunden Zeit, suchen Sie sich einen ruhigen Ort und sorgen Sie für eine angenehme Atmosphäre. Machen Sie es sich gemütlich und beantworten Sie die folgenden Fragen möglichst spontan, denn es gibt kein Richtig oder Falsch. Schreiben Sie sich Ihre Antworten in Stichworten auf (oder sprechen Sie sie auf Band), denn manche Erinnerung kann schnell wieder vergessen werden. Falls Ihnen weitere Fragen einfallen, notieren Sie diese genauso wie Ihre Antworten dazu. Falls Sie bei einer Frage merken sollten, dass es Ihnen dabei gar nicht gut geht, dann überspringen Sie die Frage oder beenden die Beantwortung ganz. Dann machen Sie etwas anderes, das Ihnen guttut, und nehmen den Faden wieder auf, wenn Ihnen später danach sein sollte.

Wenn Sie in einer Partnerschaft leben, bitten Sie Ihren Partner, ebenfalls die Fragen zu beantworten, und besprechen Sie anschließend in einer ebenso ruhigen Situation Ihre Antworten miteinander. Dies fördert Ihr gegenseitiges Verständnis und Ihre partnerschaftliche Intimität:

1. Meine persönliche Entwicklung

▶ Teilen Sie zunächst Ihr bisheriges Leben in einzelne Lebens- und Entwicklungsabschnitte ein (wie z. B. frühe Kindheit, Schulzeit, Pubertät, Jugend, erste Liebe, Studium/Berufsausbildung, erste längere Paarbeziehung usw.).

▶ Geben Sie jedem Abschnitt ein Lebens- und ein Liebesthema.

▶ Welche der Themen haben Sie aus Ihrer Sicht gelöst bzw. bearbeitet und damit abgeschlossen?

▶ Welche Themen sind noch offen?

▶ Welche neuen Themen oder Fragen bewegen Sie heute?

▶ Erkennen Sie ein gemeinsames Thema hinter all den Themen Ihres Lebens, ein Problem hinter dem Problem, einen Konflikt hinter dem Konflikt?

▶ Formulieren Sie dies als eine Frage an das Leben oder die Liebe!

▶ Wen oder was bräuchten Sie zur Lösung oder Weiterentwicklung dieses hintergründigen Themas?

2. Die Paare meiner Herkunftsfamilie

▶ Beschreiben Sie die Paare Ihrer Familie (mindestens das Elternpaar und die beiden Großelternpaare).

▶ Was hat die beiden Partner dieser drei Paarbeziehungen jeweils aneinander angezogen, welche Lebens- und Liebesthemen haben sie miteinander verbunden?

▶ Worum haben diese Paare sich gestritten?

▶ Wie haben diese Paare ihre Konflikte gelöst – oder haben sie sich getrennt?

▶ Wie haben Sie diese Paare in Ihrer Erfahrung erlebt?

▶ Ist eine dieser drei Partnerschaften für Sie ein Vorbild?

3. Meine bisherigen Partnerschaften

▶ Beschreiben Sie in Stichworten Ihre bisherigen Erfahrungen mit Partnern.

▶ Nehmen Sie die drei wichtigsten und schreiben Sie auf, wie Sie sich in diesen Paarbeziehungen gefühlt haben!

▶ Welcher Partner hat Ihnen gutgetan, welcher weniger, worin haben sie sich unterschieden?

▶ Was waren Ihre persönlichen Entwicklungen in der Zeit dieser Partnerschaften?

▶ Wenn die einzelnen Partnerschaften ein Thema oder ein Motto gehabt hätten, wie hätte es gelautet?

▶ Stellen Sie sich vor, die Probleme in einer Paarbeziehung hätten einen bestimmten Sinn, welcher wäre das?

▶ Vergleichen Sie die Ergebnisse aus dem ersten Block mit denen aus dem zweiten Block: Welche Lebens- und Liebesthemen wurde durch Ihre bisherigen Partnerschaften aufgegriffen, bearbeitet, beantwortet, gelöst oder gelindert?

▶ Wie hat Ihre Herkunftsfamilie bisher jeweils auf die Wahl Ihrer Lebenspartner reagiert?

▶ Wenn die Wahl der jeweiligen Partner eine Botschaft an Ihre Herkunftsfamilie gewesen wäre, wie hätte die Botschaft gelautet und wie hat die Familie darauf reagiert?

4. Meine Beziehungswünsche

▶ Beschreiben Sie Ihren momentanen Traumpartner mit Hilfe von persönlichen Eigenschaften.

▶ Gibt es eine Person aus Ihrem bisherigen Leben, die dieser Beschreibung eines Traumpartners am nächsten kommt?

▶ Wie lassen sich Ihre tiefsten Sehnsüchte nach einer erfüllten Liebesbeziehung beschreiben?

▶ Was wäre aus Ihrer Sicht eine ideale Liebesbeziehung?

▶ Haben Sie diese schon einmal gehabt?

▶ Worin bestand das Ideale an der Paarbeziehung?

Wie ist die Partnerschaft verlaufen bzw. zu Ende gegangen?

5. Meine partnerschaftlichen Konflikte

▶ Was sind Ihre Lieblingskonflikte, worum streiten Sie sich in Paarbeziehungen am meisten?

▶ Welche Konflikte hassen Sie, worum streiten Sie sich ungern?

▶ Wie haben Sie bislang versucht, die partnerschaftlichen Konflikte zu lösen?

▶ Was waren dabei die häufigsten Vorwürfe Ihrer Partner an Sie?

▶ Welchen Rat würden Sie sich heute geben, wenn Sie an Ihre ehemaligen Paarbeziehungen denken?

▶ Welche Stresssituationen haben Sie immer wieder mit Ihren bisherigen Partnern erlebt?

▶ Mit welchen Gefühlen reagieren Sie vorzugsweise unter Stress (Wut oder Trauer, Rückzug oder Kampf, Vorwurf oder Verteidigung)?

▶ Gibt es wiederkehrende Konflikte in Ihren Paarbeziehungen, die unabhängig vom jeweiligen Partner immer wieder auftauchen?

▶ Worum geht es bei diesen Konflikten?

▶ Wer aus Ihrer Familie kennt diese Konflikte auch, was wäre sein oder ihr Kommentar dazu?

6. Meine Lebens- und Liebesthemen

▷ Welche Lebens- und Liebesthemen können Sie nach der Beantwortung der bisherigen Fragen für sich benennen (Streit, Sexualität, Kinderwunsch, Umgang mit Stress, Gewalt, Krankheiten)?

▷ Beschreiben Sie diese möglichst neu.

▷ Bringen Sie diese Themen in eine Rangfolge (von wichtig bis unwichtig).

▷ Wie müssten diese Themen in einer Partnerschaft beantwortet werden, damit Sie ihrer Lösung oder Weiterentwicklung näher kämen?

▷ Was könnten Sie dafür tun, was Ihr Partner, und wie müsste die Paarbeziehung sein?

▷ Wie haben Sie bisher in Ihren Partnerschaften versucht, diese Themen zu lösen?

▷ Welche Fähigkeiten bräuchten Sie heute zur Lösung?

▷ Woran würden Sie merken, dass die Themen bearbeitet oder gelöst sind?

7. Meine aktuelle Paarbeziehung

▷ Was wäre Ihre aktuelle (ersatzweise: bedeutsamste) Partnerschaft, wenn sie ein Kunstwerk, ein Film, ein Buch, ein Bild, ein Musikstück wäre?

▷ Beschreiben Sie dies mit mindestens drei Sätzen.

▷ Welche Bereiche Ihrer aktuellen Partnerschaft erleben Sie als leicht und locker, welche als schwer, angstvoll oder bedrohlich?

▷ Nehmen Sie sich einen typischen Tagesablauf an einem Wochentag vor und beschreiben Sie Ihre Gefühle am Morgen, am Mittag und am Abend in Bezug auf die Partnerschaft, danach machen Sie das Gleiche für einen Tag am Wochenende.

▷ Danach versuchen Sie das Gleiche aus der Sicht Ihres Partners.

▷ Wann stimmen Ihre Gefühle überein, wo gibt es bedeutsame Unterschiede zwischen Ihnen beiden?

▷ Was würden Sie an sich selbst, an Ihrem Partner und an Ihrer Partnerschaft am liebsten ändern, was nicht?

8. Die Perspektive meines Partners

Nehmen Sie den wichtigsten bisherigen Lebenspartner, den Sie je hatten. Beantworten Sie die folgenden Fragen aus ihrer/seiner Sicht:
Beschreiben Sie Ihren Partner.

▷ Was sind seine liebenswerten und was seine schwierigen Seiten, seine Stärken und seine Schwächen?

▷ Was würden Sie gerne an ihm beibehalten, was würden Sie gerne ändern?

▷ Wann bekommen Sie regelmäßig Probleme mit ihm, was sind wiederkehrende Konflikte in der Beziehung?

▷ Was sind die drei Seiten seiner Persönlichkeit, die Sie gern ändern würden?

▷ Was sind ihre oder seine Lebens- oder Liebesthemen?

9. Mein Partnerschaftsprofil

Fertigen Sie auf der Basis Ihrer bisherigen Antworten ein Partnerschaftsprofil von sich selbst an.

▷ Beschreiben Sie sich darin möglichst offen und ehrlich.

▷ Beschreiben Sie dann, wie ein dazu passender Partner sein müsste.

- Und wie sollte die dazu passende Paarbeziehung beschaffen sein?
- Welche persönlichen Entwicklungen müsste die Paarbeziehung für Sie ermöglichen, damit Sie nie wieder eine andere Beziehung wollen würden?
- Welche Angst bekommen Sie, wenn Sie an solch eine Partnerschaft denken und welche eigene Fähigkeit kann Ihnen helfen, mit dieser Angst besser umzugehen?
- Wie real oder bedeutsam ist diese Angst?
- Welche Fähigkeit kann Ihnen helfen, diese Angst zu überwinden?
- Welche Antwort würde Ihr Partner auf diese Frage geben?

Wahrscheinlich kann man nicht alle Fragen in einem Durchgang beantworten, nehmen Sie sich also ruhig Zeit. Legen Sie Ihre Aufzeichnungen an einen sicheren Ort und nehmen Sie sie immer dann wieder zur Hand, wenn Sie neue Einfälle, Träume, Ideen, Ergänzungen oder Erkenntnisse zu den Fragen haben. Wenn es Ihnen mit bestimmten Themen schlecht geht, dann versuchen Sie, mit guten Freunden darüber zu sprechen. Am besten wäre es, wenn Ihr Partner die Fragen auch beantwortete und Sie anschließend gemeinsam darüber sprechen würden. Versuchen Sie dabei zunächst nur, sich Ihre Ergebnisse, Überlegungen oder Gefühle zu erzählen. Machen Sie nicht den Fehler, sich gegenseitig darin zu bewerten! Folgende Sätze sollten Sie möglichst vermeiden: „Siehst du, das hab ich dir schon immer gesagt!" – „Hättest du mal mehr auf mich gehört, dann ginge es dir heute besser!" – „Das ist doch vollkommener Blödsinn, was du über unsere Beziehung sagst!" Bleiben Sie in Ihren Rückmeldungen an den anderen bei sich, reden Sie über Ihre Gedanken, Gefühle, Ideen oder Wünsche, aber bewerten Sie den Partner nicht.

Wenn Sie allerdings Erkenntnisse haben, die sich für Ihre Partnerschaft als wichtig oder gar fruchtbar erweisen könnten, dann nutzen Sie diese Chance. Überlegen Sie, wie Sie beide Ihre Lebens- und Liebesthemen mehr in die Partnerschaft einbringen können. Was ist das Verbindende zwischen Ihnen? Was sind Ihre Entwicklungspotentiale in der Partnerschaft? Wie können Sie sich gegenseitig in Ihrer Partnerschaft unterstützen?

Bei Familienthemen kann es ratsam sein, mit Geschwistern über die Ergebnisse zu sprechen. Auch wenn Sie bislang vielleicht kein intensives oder gar ein negatives Verhältnis zu Ihren Geschwistern hatten, kann sich dies durch ein Gespräch über solche Themen durchaus ändern, nach meinen Erfahrungen meistens zum Guten.

Und was haben Sie über Ihren Geheimplan der Liebe herausgefunden? Mit welchen Lebens- und Liebesthemen beschäftigen Sie sich? Welche Themen haben Sie hinter sich, welche vielleicht noch vor sich? Welche Bedeutung haben diese Themen für Ihre persönliche Entwicklung? Wenn Sie meinen, Sie hätten den falschen Partner für Ihre Themen gewählt, dann überprüfen Sie dies vorerst noch einmal genau, indem Sie sich fragen, warum Sie sich ursprünglich gegenseitig ausgesucht haben. Es geht nicht darum zu beschreiben, warum und wie Ihre Partnerschaft negativ ist, sondern darum herauszufinden, welchen Sinn Ihre Beziehung hatte oder hat, welche Lebens- und Liebesthemen Sie zusammenführten. Erst wenn Sie dies verstanden haben, wenn Sie wissen, warum Sie sich diesen und keinen anderen Partner ausgesucht haben, können Sie sich selbst und Ihre Partnerschaften besser verstehen.

Wer den richtigen oder passenden Partner sucht oder an seiner Partnerwahl zweifelt, sollte in seinen Gedanken nicht stets um den aderen kreisen, sondern über sich selbst nachdenken. Denn zum Verständnis der Partnerwahl bedarf es einer Änderung der Blickrichtung: Die Suche nach dem richtigen Partner beginnt und endet bei uns selbst. Nur wer sich selbst kennt, weiß, wonach er suchen muss, oder versteht, warum er sich immer bestimmte Partner aussucht. Selbsterkenntnis ist der Weg, dem eigenen Geheimplan der Liebe auf die Spur zu kommen. Was steht noch über dem Orakel von Delphi? Erkenne dich selbst!

Literatur

Amelang, Manfred, Hans-Joachim Ahrens und Hans Werner Bierhoff (Hg.) (1991): Partnerwahl und Partnerschaft. Formen und Grundlagen partnerschaftlicher Beziehungen. Göttingen (Hogrefe)

Bauer, Joachim (2005): Warum ich fühle, was du fühlst. Intuitive Kommunikation und das Geheimnis der Spiegelneurone. Hamburg (Hoffmann & Campe)

Bauer, Joachim (2006): Prinzip Menschlichkeit. Warum wir von Natur aus kooperieren. Hamburg (Hoffmann & Campe)

Biermann, Werner, Brincker, Ulrike und Kolvenbach, Marcel (2005), Liebe an der Macht. Paare, die Geschichten schrieben. (Rowohlt Berlin)

Boccaccio, Giovanni (1980): Das Dekameron. Frankfurt a. M. (Insel).

Clement, Ulrich (2006): Guter Sex trotz Liebe. Berlin (Ullstein)

Dante Alighieri (1974): Die göttliche Komödie. Frankfurt a. M. (Insel)

Erikson, Erik (1973): Identität und Lebenszyklus, Frankfurt (Suhrkamp)

Fisher, Helen (2005): Warum wir lieben. Die Chemie der Leidenschaft. Düsseldorf (Patmos).

Flaubert, Gustave (2003): Madame Bovary. Stuttgart (Reclam)

Fontane, Theodor (2002): Effi Briest. Stuttgart (Reclam)

Frisch, Max (1977): Homo Faber. Ein Bericht. Frankfurt a. M (Suhrkamp)

García-Márquez, Gabriel (2004): Die Liebe in den Zeiten der Cholera. Frankfurt a. M. (Fischer).

Geiger, Ruth-Esther (1995): Marilyn Monroe. Reinbek bei Hamburg (Rowohlt)

Goethe, Johann Wolfgang von (2003): Die Wahlverwandtschaften. München (dtv)

Hantel-Quitmann, Wolfgang (1996–1999): Beziehungsweise Familie. Arbeits- und Lesebuch Familienpsychologie und Familientherapie. Band 1–4. (Lambertus)

Hantel-Quitmann, Wolfgang und Peter Kastner (Hg.) (2002): Die Globalisierung der Intimität. Die Zukunft intimer Beziehungen im Zeitalter der Globalisierung. Gießen (Psychosozial-Verlag)

Hantel-Quitmann, Wolfgang und Peter Kastner (Hg.) (2004): Der globalisierte Mensch. Gießen (Psychosozial-Verlag)

Hantel-Quitmann, Wolfgang (2005): Liebesaffären. Zur Psychologie leidenschaftlicher Beziehungen. Gießen (Psychosozial-Verlag)

Hantel-Quitmann, Wolfgang (2005): Friedhof in den Schlafzimmern. Die Sehnsucht nach Liebesaffären und das Phantom der großen Liebe. Hamburg (in: Der Spiegel 27/2005)

Hantel-Quitmann, Wolfgang (2006): Die Liebe, der Alltag und ich. Partnerschaft zwischen Wunsch und Wirklichkeit. Freiburg im Breisgau (Herder)

Hassebrauck, Manfred und Beate Küpper (2002): Warum wir aufeinander fliegen? Die Gesetze der Partnerwahl. Reinbeck bei Hamburg (Rowohlt)

Homer (1988): Ilias. Odyssee. München (dtv)

Informationsdienst Wissenschaft (26. 9. 2006): Wie wir suchen und finden. (http://idw-online.de/pages/de)

Jellouschek, Hans (2005): Die Paartherapie. Stuttgart (Kreuz)

Kast, Verena (1984): Paare – Beziehungsphantasien oder wie Götter sich in Menschen spiegeln. Zürich (Kreuz)

Kernberg, Otto (1999): Liebesbeziehungen. Normalität und Pathologie. Stuttgart (Klett-Cotta)

Ksoll, Peter und Vögtle, Fritz (2003): Marie Curie. Reinbek bei Hamburg (Rowohlt)

Malory, Thomas (2006): König Artus. Herausgegeben von Helmut Findeisen Frankfurt (Insel)

Miller, Geoffrey F. (2001): Die sexuelle Evolution. Partnerwahl und die Entstehung des Geistes. Heidelberg (Spektrum)

Moeller, Michael Lukas (1996): Über die Liebe. Vortrag auf dem Weltkongress für Psychotherapie, München. (Videoaufzeichnung)

Moeller, Michael Lukas (1986): Die Liebe ist das Kind der Freiheit. Reinbek bei Hamburg (Rowohlt)

Moeller, Michael Lukas (2004): Gelegenheit macht Liebe. Glücksbedingungen in der Partnerschaft. Reinbek bei Hamburg (Rowohlt)

Moll, Lenus und Lena Dur (1965): Handbuch der Partnerwahl. Zürich (Diogenes)

Morrison, Toni (2004): Liebe. Reinbek bei Hamburg (Rowohlt)

Ortheil, Hanns-Josef (2003): Die große Liebe. München (Luchterhand)

Ovid (1990): Orpheus und Eurydik. In: Ovid: Metamorphosen. Frankfurt a. M. (Insel)

Pronay, Alexander von (1979): Glücklich durch die richtige Partnerwahl. (Heyne)

Renz, Ulrich (2006): Schönheit. Eine Wissenschaft für sich. Berlin (Berlin Verlag)

Ruthe, Reinhold (2004): Wer die Wahl hat, hat die Qual. Die unbewussten Motive der Partnerwahl. Moers (Brendow)

Schmölders, Claudia (2000): Erfindungen der Liebe. Berühmte Zeugnisse aus drei Jahrtausenden. Frankfurt a. M. (Insel)

Schnarch, David (2006): Die Psychologie sexueller Leidenschaft. Stuttgart (Klett-Cotta)

Shalev, Zeruya (2004): Liebesleben. Berlin (BvT)

Sichtermann, Barbara (2003): Die berühmtesten Liebespaare. Hildesheim (Gerstenberg).

Stiemerling, Dietmar (2000): Was die Liebe scheitern läßt. Die Psychologie der chronisch gestörten Zweierbeziehung. Stuttgart (Klett-Cotta)

Stiemerling, Dietmar (2002): Sehnsuchtsprogramm Liebe. Zur Psychologie der zentralen Beziehungswünsche. Stuttgart (Klett-Cotta)

Stiemerling, Dietmar (2006): Wenn Paare sich nicht trennen können. Stuttgart (Klett-Cotta)

Vargas Llosa, Mario (2006): Das böse Mädchen. Frankfurt a. M. (Suhrkamp)

Willi, Jürg (2002): Psychologie der Liebe. Persönliche Entwicklung durch Partnerbeziehungen. Stuttgart (Klett-Cotta)

Willi, Jürg und Bernhard Limacher (Hg.) (2005): Wenn die Liebe schwindet. Möglichkeiten und Grenzen der Paartherapie. Stuttgart (Klett-Cotta)

Wirsching, Michael (2005): Paar- und Familientherapie. Grundlagen, Methoden, Ziele. (C. H. Beck)

Yalom, Irving (1999): Die Liebe und ihr Henker. München (btb)

Yalom, Irving (2005): Die Schopenhauer-Kur. München (btb)